NOUVELLE ORLEANS
INSOLITE ET SECRÈTE

Chris Champagne

PHOTOS
Paul Lanoue

EDITIONS JONGLEZ
guides de voyages

Chris Champagne a toujours vécu à La Nouvelle-Orléans, où sa famille est installée depuis la première moitié du XVIIIᵉ siècle.

Diplômé de l'Orleans Parish School et de l'université de La Nouvelle-Orléans (en sciences historiques), Chris cumule les activités d'écrivain, de poète, de critique politique, d'acteur et comédien, d'animateur radio et de chroniqueur. Sa renommée s'étend à l'ensemble de la région de La Nouvelle-Orléans.

En 2012, il a figuré parmi les 144 personnalités importantes de La Nouvelle-Orléans (*144 New Orleans Characters*). Il a également été élu meilleur comédien de La Nouvelle-Orléans en 2013 et en 2014, et a fait partie des équipes du National Poetry Slam à San Francisco (1993) et à Chicago (1999). En outre, il a été lauréat de l'Alliance of Artists (2006) et du College of Santa Fe (2008).

Enfin, Chris est l'auteur du recueil de poèmes *Roach Opera* (Portals Press, 2007) et de *The Yat Dictionary* (Lavender Ink, 2013), qui traite du dialecte de La Nouvelle-Orléans.

Nous avons pris un immense plaisir à la conception du guide *Nouvelle-Orléans insolite et secrète* et espérons que, comme nous, vous continuerez grâce à lui à découvrir des aspects insolites, secrets ou encore méconnus de la capitale.

Accompagnant certains lieux, des encadrés thématiques mettent en lumière des points d'histoire ou relatent des anecdotes qui permettront de comprendre la ville dans toute sa complexité.

Nouvelle-Orléans insolite et secrète met également en valeur de nombreux détails visibles dans des lieux que nous fréquentons parfois tous les jours sans les remarquer. Ils sont une invitation à une observation plus attentive du paysage urbain et, de façon plus générale, un moyen pour regarder notre ville avec la curiosité et l'attention dont nous faisons souvent preuve en voyage…

Les commentaires sur ce guide et son contenu ainsi que les informations sur des lieux que nous n'évoquons pas ici sont les bienvenus. Ils nous permettront d'enrichir les futures éditions de ce guide.

N'hésitez pas à nous écrire :
Éditions Jonglez, 25 rue du Maréchal Foch
78000 Versailles, France
Par mail : infos@editionsjonglez.com

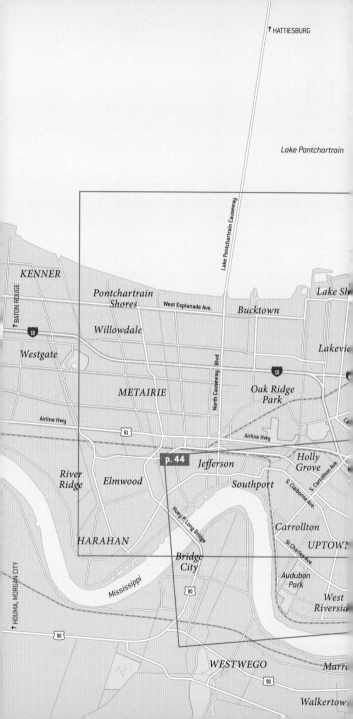

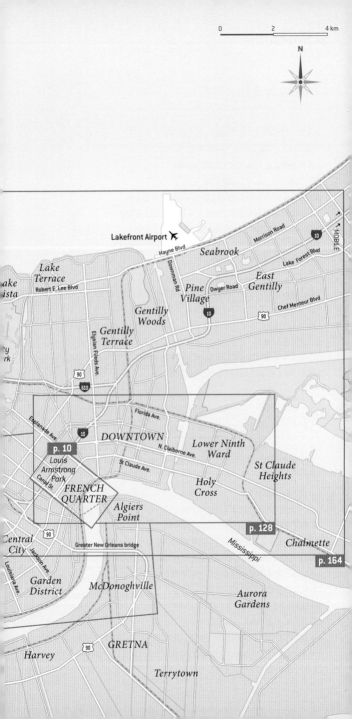

SOMMAIRE

French Quarter

BACKSTREET CULTURAL MUSEUM	12
TOMBEAU DE L'ESCLAVE INCONNU	14
LE TOMBEAU DE NICOLAS CAGE	16
STATUE DE SAINT EXPÉDIT	18
ANCIEN STUDIO D'ENREGISTREMENT J & M	20
MOULAGE D'UN BRAS DE JOHN L. SULLIVAN	22
MUSÉE CULTUREL IRLANDAIS	24
MUSÉE DU MARDI GRAS DE GERMAINE WELLS	26
ATELIER ET MUSÉE BEVOLO	28
LE BÉRET DE GROUCHO	30
LES SALLES SECRÈTES DE LA GALERIE M.S. RAU ANTIQUES	32
LE JARDIN DE SAINT-ANTOINE	34
MUSÉE DE LA PHARMACIE DE LA NOUVELLE-ORLÉANS	36
MARBLE HALL	38
ROBERT E. NIMS JAZZ WALK OF FAME	40
MAISON DE WILLIAM S. BURROUGHS	42

Uptown

LA LOCOMOTIVE 745 DE LA SOUTHERN PACIFIC	46
LES PIÈCES D'OCHSNER	48
CAMP PARAPET	50
LES MAISONS DE LA « BATTURE »	52
SÉANCES DE LECTURE DE POÈMES EN MÉMOIRE D'EVERETTE MADDOX	54
LES BRIQUES DÉCORÉES DU ZOO D'AUDUBON	56
LE LABYRINTHE D'AUDUBON PARK	58
PLAQUE COMMÉMORATIVE DÉDIÉE À LEE HARVEY OSWALD	60
LE CAFÉ NEUTRAL GROUND	62
LA MÉTÉORITE DU PARCOURS DE GOLF D'AUDUBON PARK	64
MIDDLE AMERICAN RESEARCH INSTITUTE GALLERY	66
LES MOMIES DE TULANE	68

LES VITRAUX DU SANCTUAIRE NATIONAL DE NOTRE-DAME
DU PROMPT SECOURS — 70

PEINTURE L'ASSOMPTION DE MARIE — 72

FRESQUE DE SCHOENBERGER — 74

JANE ALLEY — 76

STATUE DU « ROI » GAMBRINUS — 78

LES POMPES DE BALDWIN WOOD — 80

L' ANTRE DE LA REX — 82

LE PANTHÉON DU SUGAR BOWL — 85

STATUE MOLLY MARINE — 86

LE PIANO DE BASILE BARÈS — 88

LA « PENDULE MYSTÉRIEUSE » DE L'HÔTEL THE ROOSEVELT — 90

BORNE DE LA JEFFERSON HIGHWAY — 92

L'ANCIEN SIÈGE DE LA UNITED FRUIT COMPANY — 94

MUSÉE DE LA RÉSERVE FÉDÉRALE — 96

PIAZZA D'ITALIA — 98

AMERICAN ITALIAN MUSEUM — 100

LA FRESQUE D'ALBRIZIO À L'UNION PASSENGER TERMINAL — 102

SCULPTURE EMBRACING THE DREAM — 104

CITY WATCH — 106

K&B PLAZA — 108

BIBLIOTHÈQUE PATRICK F. TAYLOR — 110

MUSÉE COMMÉMORATIF DES CONFÉDÉRÉS — 112

PORT OF NEW ORLEANS PLACE — 114

MUSÉE DES MAISONS DE POUPÉES — 116

MUSÉE DES POMPIERS DE LA NOUVELLE-ORLÉANS — 118

IRISH CHANNEL TINY MUSEUM — 120

LA GARGOUILLE DE JACKSON AVENUE — 122

GERMAN AMERICAN CULTURAL CENTER AND MUSEUM — 124

STATUE DE MEL OTT — 126

Downtown

TOMBES DE CHEVAUX DE COURSE — 130

LE PANTHÉON DE FAIR GROUNDS — 132

CHÂTEAU CRÉOLE — 134

SOMMAIRE

LE MUSÉE DE F.P.C.   *136*

BÂTIMENT DE LA GENERAL LAUNDRY   *138*

LA FILLE AU PARAPLUIE DE BANKSY   *140*

INSCRIPTION « HANK WAS HERE 1955 »   *142*

CHAPELLE SAINT-ROCH   *144*

LE JARDIN DE JESSICA   *146*

ROSALIE ALLEY   *148*

L'ARCHE DE LA VICTOIRE   *150*

COWAN MAN   *152*

THE MUSIC BOX VILLAGE   *154*

LES MAISONS DES DOULLUT   *156*

LA MAISON DE LA DANSE ET DES PLUMES   *158*

AVERTISSEMENT AUX PILLARDS APRÈS

LE PASSAGE DE L'OURAGAN KATRINA   *160*

MUSÉE MILITAIRE ANSEL M. STROUD JR.   *162*

Lake Area

LA FONTAINE DU MARDI GRAS   *166*

CROIX CELTIQUE   *168*

LA TOMBE DE GRAM PARSONS   *170*

MÉMORIAL ET MAUSOLÉE AUX CORPS

NON RÉCLAMÉS DES VICTIMES DE KATRINA   *172*

CIMETIÈRE HOLT   *174*

ALFEREZ ART DECO FENCE ADORNMENTS   *176*

HISTORIC NEW ORLEANS TRAIN GARDEN   *178*

COLOMBIER DE CAROL   *180*

LE « CHÊNE DUELLISTE »   *182*

CÉRÉMONIE DE « LAVAGE DE LA TÊTE »

À LA FÊTE DE LA SAINT-JEAN D'ÉTÉ   *184*

LA BOUCHE D'INCENDIE LA PLUS

ANCIENNE DE LA NOUVELLE-ORLÉANS   *186*

MUSIC TREE   *188*

GALERIE D'ART DU 3127 PONCE DE LEON STREET   *190*

MANOIR DE LULING   *192*

LE CHÊNE CHANTANT   *194*

LA FONTAINE THE WAVE OF THE WORLD   *196*

LA POPP FOUNTAIN   *198*

LABORDE MOUNTAIN   *200*

ASHTRAY HOUSE   *202*

HIGGINS HOUSE   *204*

LE FORT ESPAGNOL   *206*

STATUE LOUP GAROU   *208*

STATUE DU ROI LEAR   *210*

MISSION NOTRE-DAME DE LA VANG   *212*

LES FRESQUES DU TERMINAL DE LAKEFRONT AIRPORT   *214*

LE PARC D'ATTRACTIONS DÉSAFFECTÉ SIX FLAGS   *216*

LOS ISLEÑOS HERITAGE AND MULTI-CULTURAL PARK   *218*

LE CHÊNE DES SEPT SŒURS   *220*

DEW DROP SOCIAL & BENEVOLENT JAZZ HALL   *222*

NORTHLAKE NATURE CENTER   *224*

ABITA MYSTERY HOUSE   *226*

STATUE DE RONALD REAGAN   *228*

MUSÉE DU PATRIMOINE AFRO-AMÉRICAIN   *230*

LIGO   *232*

French Quarter

1. BACKSTREET CULTURAL MUSEUM — *12*
2. TOMBEAU DE L'ESCLAVE INCONNU — *14*
3. LE TOMBEAU DE NICOLAS CAGE — *16*
4. STATUE DE SAINT EXPÉDIT — *18*
5. ANCIEN STUDIO D'ENREGISTREMENT J & M — *20*
6. MOULAGE D'UN BRAS DE JOHN L. SULLIVAN — *22*
7. MUSÉE CULTUREL IRLANDAIS — *24*
8. MUSÉE DU MARDI GRAS DE GERMAINE WELLS — *26*
9. ATELIER ET MUSÉE BEVOLO — *28*
10. LE BÉRET DE GROUCHO — *30*
11. LES SALLES SECRÈTES
    DE LA GALERIE M.S. RAU ANTIQUES — *32*
12. LE JARDIN DE SAINT-ANTOINE — *34*
13. MUSÉE DE LA PHARMACIE DE LA NOUVELLE-ORLÉANS — *36*
14. MARBLE HALL — *38*
15. ROBERT E. NIMS JAZZ WALK OF FAME — *40*
16. MAISON DE WILLIAM S. BURROUGHS — *42*

*Un musée miniature consacré à la culture
afro-américaine*

1116 Henriette Delille Street
Tél. : 504-657-6700 ou 504-606-4809
www.backstreetmuseum.org
Ouvert du mardi au samedi de 10 h à 16 h
*Accès : Bus 88, St. Claude-Jackson Barracks et bus 91, Jackson-Esplanade ;
tramway Rampart/St. Claude*

Le quartier de Treme, berceau historique de la culture afro-américaine de
La Nouvelle-Orléans, recèle un surprenant petit musée : le Backstreet
Cultural Museum, qui n'occupe guère que deux salles, a pour ambition
d'offrir à ses visiteurs un aperçu des nombreuses traditions développées au
fil du temps par la communauté noire de la ville. Le jazz et la fête y tiennent
naturellement une place prépondérante, de même que les « Social Aid and
Pleasure Clubs » (" clubs d'aide sociale et de loisirs "), qui furent longtemps le seul système d'assurance accessible aux Afro-Américains. Ainsi,
ce sont les funérailles organisées par ces organismes qui ont instauré la

tradition des fameuses *second lines* : ces parades funéraires, menées par une « première ligne » de musiciens, sont suivies d'une « seconde ligne » de danseurs, constituée des proches du défunt et des anonymes qui rejoignent le cortège en marche. Le musée présente aussi la tradition des « Indiens du Mardi gras » : à chaque édition du carnaval de la ville, des « tribus » d'Afro-Américains défilent vêtues de costumes inspirés des tenues cérémonielles amérindiennes. Bien que la réalisation de ces panoplies, ornées de perles, de paillettes, de boutons et de plumes multicolores, exige souvent un an de travail, elles ne servent généralement qu'une seule fois. : c'est en recueillant l'une d'entre elles, jetée dans une arrière-cour après le défilé, que Sylvester Francis a commencé à collectionner les pièces exposées dans le Backstreet Cultural Museum, fondé en 1999. L'initiative de Sylvester Francis a reçu le soutien de Social Aid and Pleasure Clubs, ainsi que de Victor Harris, chef de la « tribu » d'Indiens du Mardi gras The Mandingo Warriors « Spirit of Fi Yi Yi », qui ont largement contribué à sa collection de costumes de carnaval et de photographies de musiciens locaux. De nos jours, le musée, qui occupe l'emplacement d'un ancien salon funéraire d'où partaient les *second lines*, demeure un lieu très fréquenté par les habitants du quartier. Il accueille également nombre d'artistes, et Sylvester Francis répond volontiers aux questions des visiteurs.

TOMBEAU DE L'ESCLAVE INCONNU

INCONNU

À tous les esclaves enterrés aux États-Unis

1210 Governor Nicholls Street
Tél. : 504-525-5934
www.staugchurch.org
Accès : Bus 91, Jackson/Esplanade

Dans le quartier de Treme, une grande croix jouxte l'église catholique Saint-Augustin : faite des maillons d'une lourde chaîne de navire, desquels pendent des fers d'esclaves, elle marque l'emplacement du Tombeau de l'Esclave inconnu.

Pourtant, cet endroit n'est pas une tombe à proprement parler : il s'agit d'un sanctuaire, dédié « aux Africains sans nom, sans visage et sans terre, qui ont trouvé prématurément la mort dans le faubourg de Treme ».

À l'origine, Treme était un quartier essentiellement peuplé d'Afro-Américains, qui faisait face au Vieux carré français. Au fil du temps, les travaux de construction et de rénovation y ont mis au jour de nombreux ossements humains, dont la plupart étaient à l'évidence ceux de pauvres gens, à qui aucune sépulture décente n'avait été donnée : des esclaves, victimes de la fièvre jaune ou de mauvais traitements. La brutalité avec laquelle les asservis ont longtemps été traités explique que leurs maîtres se soient souvent débarrassés de leurs corps en les enterrant à la hâte, et sans cérémonie.

Aussi ce sanctuaire est-il dédié aux esclaves anonymes qui, partout aux États-Unis, ont connu le même sort que ceux de La Nouvelle-Orléans.

À côté du monument, l'église catholique Saint-Augustin participe à la même cause : construite en 1841, elle constitue la plus ancienne église afro-américaine du pays.

Pour financer le fonctionnement de l'église, les paroissiens noirs libres y louaient alors des bancs, pour eux-mêmes et pour d'autres fidèles, noirs ou blancs. De plus, de part et d'autre de la nef, des bancs étaient réservés aux esclaves. Ainsi, en accueillant toutes les races et toutes les classes sociales, Saint-Augustin fut-elle l'un des premiers lieux de culte américains où la ségrégation n'avait pas cours.

Après le passage de l'ouragan Katrina, l'archevêché de la ville a annoncé la fermeture de Saint-Augustin, ainsi que d'autres paroisses anciennes. Toutefois, la communauté a vigoureusement défendu son église, bien que nombre de ses paroissiens aient été déplacés après la catastrophe. Grâce à l'opiniâtreté de ces fidèles, l'archevêché fut contraint de renoncer à son projet.

Enfin, une subvention de 75 000 $, accordée par le National Trust for Historic Preservation et par American Express, a permis de réparer les dégâts causés par l'ouragan : aussi cette église historique est-elle toujours active.

LE TOMBEAU DE NICOLAS CAGE ③

Nicolas Cage serait-il poursuivi par des esprits maléfiques ?

St. Louis #1 Cemetery
425 Basin Street
Tél. : 504-482-5065 - www.saveourcemeteries.org
Ouvert du lundi au samedi de 9 h à 15 h 30, le dimanche de 9 h à 12 h 30
Visites guidées uniquement
Accès : Bus 88, St. Claude/Jackson Barracks, ou tramway Rampart-St. Claude

Dans le premier cimetière de Saint-Louis, une pyramide de couleur blanche porte l'inscription latine « *Omnia ab uno* » (« Un est en tout »). Cette structure, haute de près de 3 mètres, est généralement considérée comme le tombeau dans lequel l'acteur Nicolas Cage a prévu d'être inhumé. Cage a vécu quelque temps à La Nouvelle-Orléans : il y a notamment acquis LaLaurie Mansion, un manoir réputé hanté, ainsi que la chapelle de Notre-Dame-du-Perpétuel-Secours. Ces deux propriétés ont été saisies en 2009, alors que l'acteur était poursuivi pour fraude fiscale, et c'est au cours de l'année suivante, en 2010, que Cage acheta son tombeau du cimetière Saint-Louis. Ce cimetière est le plus ancien de La Nouvelle-Orléans, et certaines des personnalités les plus célèbres de la ville y sont inhumées,

notamment Paul Morphy, qui fut le plus grand joueur d'échecs du monde, Bernard de Marigny, qui fut à l'origine du développement du Faubourg Marigny et de la ville de Mandeville, ainsi que la fameuse prêtresse « voodoo » Marie Laveau. De nos jours, les concessions libres dans ce cimetière sont devenues aussi rares que coûteuses. S'agissant du monument acquis par Nicolas Cage, de nombreuses rumeurs courent encore dans les rues de La Nouvelle-Orléans. On a supposé que Cage était lié à la société secrète des Illuminati, dont l'existence n'a jamais été démontrée (selon certains, la forme pyramidale du tombeau acheté par l'acteur serait l'un des symboles de cette « conspiration »). On a aussi allégué que Cage envisageait de reposer à proximité de Marie Laveau, afin de se protéger des esprits qu'il aurait croisés dans sa propriété hantée de LaLaurie Mansion… La société de La Nouvelle-Orléans demeure très superstitieuse : aussi trace-t-on encore des croix à la craie sur la tombe de Marie Laveau, dans l'espoir qu'elle intervienne en faveur de ceux qui lui rendent hommage. S'agissant de la pyramide de Cage, il semble qu'un nouveau rituel y ait été inventé : en embrassant la tombe de leurs lèvres peintes en rouge vif, ses admiratrices laissent une trace de l'affection qu'elles portent à l'acteur.

> La pyramide de Cage apparaît dans l'un de ses films, *Benjamin Gates et le Trésor des Templiers*.

STATUE DE SAINT EXPÉDIT

Un saint catholique et un saint voodoo pour ceux qui sont pressés

Our Lady of Guadalupe Church
411 N. Rampart Street
Tél. : 504-525-1551 - www.judeshrine.com
Ouvert selon des horaires variables, généralement entre 7 h et 18 h
Accès : Tramway Rampart-St. Claude ou bus 88, St. Claude/Jackson Barracks

Dans la chapelle funéraire d'Our Lady of Guadalupe Church, la statue d'un soldat romain désarmé, tenant une branche de palmier d'une main et brandissant de l'autre une croix portant le mot latin « *hodie* » (« aujourd'hui »), rappelle que la légende de saint Expédit a été importée à La Nouvelle-Orléans : selon cette tradition, attestée auparavant en France, la statue ou les reliques de ce saint seraient arrivées spontanément dans une caisse portant la mention « *expedit* ». C'est précisément ce qui se serait produit à Our Lady of Guadalupe, la plus ancienne église de la ville (elle fut consacrée en 1827).

Outre les fidèles de cette paroisse catholique, les pratiquants du « voodoo » (variante locale du vaudou) rendent également un culte à saint Expédit. En effet, la chapelle où la statue a été installée a longtemps servi de lieu de recueillement lors des grandes épidémies de fièvre jaune, et elle se trouve à proximité du premier cimetière de Saint-Louis, où reposent les restes de la grande prêtresse Marie Laveau.

À La Nouvelle-Orléans, saint Expédit est considéré comme le saint patron des gens pressés. Des prières rapides ont même été composées pour s'adresser à lui (il est également recommandé de claquer dans ses doigts avant de les réciter, afin d'attirer rapidement l'attention du saint).

Certains fidèles lui consacrent cependant une neuvaine (traditionnelle veillée de prière de 9 jours)… Mais, pour ceux qui ne peuvent attendre, une « neuvaine express », de 9 heures seulement, a été inventée par les habitants de la ville : surnommée la « neuvaine volante », cette veillée raccourcie n'est pas sans rappeler les *drive-through* des chaînes de restauration rapide.

Par ailleurs, Our Lady of Guadalupe héberge également un culte à saint Jude, patron des causes désespérées : il est donc possible de lui adresser ses suppliques sur la droite du sanctuaire, puis de se rendre du côté opposé pour demander à saint Expédit de bien vouloir accélérer la réalisation de son vœu.

Quant aux pratiquants du « voodoo », ils laissent subrepticement quelques offrandes au pied de la statue : bougies colorées, eau, fleurs et rhum, ainsi que des quatre-quarts (les gâteaux préférés de Marie Laveau).

Ces pratiques païennes associées à saint Expédit peuvent inquiéter les chrétiens de passage. Aussi est-il précisé que seules les requêtes « positives » peuvent être exaucées par le saint.

ANCIEN STUDIO D'ENREGISTREMENT J & M

Le berceau du rock'n'roll ?

840 North Rampart Street
Tél. : 504-522-1336
Ouvert du lundi au samedi de 8 h à 19 h, le dimanche de 8 h à 16 h
Accès : Bus 91, Jackson/Esplanade ; bus 57, Franklin Avenue ; bus 88, St. Claude/
Jackson Barracks

Située à la limite du Vieux carré français, la blanchisserie du 840 North Rampart Street occupe un local qui fut jadis celui du célèbre studio d'enregistrement J & M de Cosimo Matassa (1926-2014), où serait né le rock'n'roll. Sur le seuil du commerce, une dalle circulaire encastrée dans le sol indique encore « J & M Music Shop », et deux plaques commémoratives encadrent la porte de l'actuelle blanchisserie, rappelant l'importance historique de ce bâtiment. C'est le 10 décembre 1949 que Fats Domino a enregistré en ces lieux son morceau *The Fat Man*, considéré par certains comme la toute première expression du rock'n'roll. De plus, le studio de Matassa a également lancé les fameux *Tutti Frutti* de Little Richard et *Good Rockin' Tonite* de Roy Brown. Bien qu'aucun consensus n'ait pu permettre de désigner avec certitude le studio qui, le premier, a enregistré un morceau de rock'n'roll, le J & M constitue assurément l'un des candidats les plus crédibles parmi les pionniers de ce style musical. À l'origine, Matassa l'avait aménagé dans une petite pièce, située à l'arrière du magasin de son père. De 1945 à 1955, ce modeste local a accueilli les précurseurs des styles rock'n'roll et rhythm & blues, notamment Fats Domino, Little Richard, Dave Bartholomew, Sam Cooke et Professor Longhair. Au cours de sa longue carrière, Matassa a enregistré la majeure partie des morceaux de rhythm & blues de La Nouvelle-Orléans, et son studio était considéré par beaucoup comme un instrument de musique à part entière. En 2012, son nom fut ajouté à la liste du *Rock'n'Roll Hall of Fame* de Cleveland. Par ailleurs, Matassa est demeuré célèbre pour avoir créé ce que l'on appelle le « Cosimo Sound » (ou « New Orleans Sound »), qui se caractérise par des arrangements spécifiques entre les instruments et la voix du chanteur. La liste des talents accueillis par Matassa impressionne : outre Domino et Richards, Allen Toussaint et Dr. John ont fait leurs débuts dans son studio, et nombre de musiciens célèbres se sont rendus à La Nouvelle-Orléans pour y enregistrer leurs meilleurs morceaux. Ce fut notamment le cas de Jerry Lee Lewis, Dave Bartholomew, Ray Charles, Lloyd Price, Smiley Lewis, Irma Thomas, Sam Cooke, Guitar Slim, ainsi que du batteur Earl Palmer : en inventant, chez J & M, la technique du « backbeat », il contribua significativement au développement du rock'n'roll.

Le 840 North Rampart Street a été distingué en 2010 par le *Rock'n'Roll Hall of Fame and Museum* de Cleveland comme l'un des onze monuments majeurs du rock'n'roll aux États-Unis.

En 1955, Matassa a déplacé son studio au 525 Governor Nicholls Street. Enfin, il s'est installé au 748 Camp Street, occupé aujourd'hui par le Rebellion Restaurant, dont la façade est ornée de disques de bronze commémorant les derniers hits enregistrés par Matassa dans son dernier studio : *Working in the Coal Mine* de Lee Dorsey, et *Tell It Like It is* d'Aaron Neville.

MOULAGE D'UN BRAS DE JOHN L. SULLIVAN

Le dernier champion de boxe à mains nues

New Orleans Athletic Club
222 N. Rampart Street
Tél. : 504-525-2375 - www.neworleansathleticclub.com
Ouvert du lundi au vendredi de 5 h 30 à 21 h, samedi et dimanche de 8 h à 18 h
*Accès : Tramway Rampart-St. Claude ; tramway Canal ; bus 88, St. Claude/
Jackson Barracks*

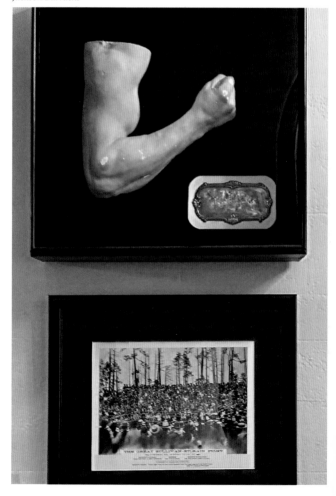

Depuis son ouverture en 1872, le New Orleans Athletic Club (NOAC) propose de nombreuses activités sportives. Il a également constitué le siège des affairistes de la ville : l'esprit de camaraderie qu'il promouvait permettait aux hommes d'influence de s'y retrouver entre eux, notamment pour jouer au gin rami.

À quelques mètres de la porte d'entrée du club, une vitrine présente un moulage en plâtre du bras droit de John L. Sullivan (1858-1918), qui fut le dernier champion de boxe à mains nues au monde, en catégorie « poids lourds ». C'est en effet au NOAC que Sullivan s'est entraîné avant son dernier combat historique, en 1889. Le moulage lui-même a été réalisé à La Nouvelle-Orléans.

La vitrine contient également une ceinture de champion de boxe, ainsi qu'un rare cliché du combat opposant Sullivan à Jake Kilrain (1859-1937).

Cette confrontation eut lieu à Richburg, Mississippi, le 8 juillet 1889. Les combats de boxe à mains nues étant alors interdits dans plus de 38 États (dont la Louisiane et le Mississippi), les boxeurs, leurs agents et leurs supporters durent déjouer les barrages mis en place par les autorités.

À l'époque, Sullivan jouissait d'une grande popularité aux États-Unis, mais l'issue de deux de ses dernières prestations ne le plaçait pas en position de favori aux yeux du public : il s'était récemment cassé un bras, et l'un de ses combats s'était soldé par un match nul. Quant à son adversaire, Kilrain, il avait obtenu un match nul contre le champion d'Angleterre, et sa forme physique paraissait bien supérieure à celle de Sullivan qui, dans sa carrière, n'avait jamais boxé plus de 9 rounds d'affilée.

Contre toute attente, le match a duré 75 rounds (à cette époque, les rounds prenaient fin lorsque l'un des combattants s'effondrait sous les coups, ou lorsqu'il s'accrochait à son adversaire pour l'empêcher de le frapper). Au cours de cette étouffante journée de juillet, Sullivan livra le combat le plus éprouvant de sa carrière. Puis, après le 75e round, les soigneurs de Kilrain demandèrent que le match soit déclaré nul… Ce que Sullivan refusa. Kilrain a alors jeté l'éponge, permettant à son adversaire de conserver son titre de champion.

MUSÉE CULTUREL IRLANDAIS

L'une des communautés les plus méconnues de La Nouvelle-Orléans

933 Conti Street
Tél. : 504-302-1382
www.icmnola.org
Ouvert du lundi au mercredi de 8 h à 16 h, le jeudi de 8 h à 19 h, du vendredi au samedi de 8 h à 20 h, fermé le dimanche
Accès : Tramway Rampart-St. Claude

L'Irish Cultural Museum (Musée culturel irlandais) a été inauguré en 2012 dans le Vieux carré français : cette exposition, installée dans un bâtiment colonial espagnol épargné par les incendies de 1788 et 1794 et récemment restauré, a pour ambition de rendre hommage à l'une des communautés les plus méconnues de la ville.

En effet, si le grand public associe généralement l'image de La Nouvelle-Orléans aux populations d'origine française, espagnole et africaine, peu connaissent le rôle essentiel que les immigrés irlandais ont joué dans le développement de la ville.

La petite salle du musée, accessible depuis la cour, ne contient que très peu d'objets anciens. Outre les textes et les photographies exposées, ce sont des écrans qui présentent l'essentiel de l'information destinée aux visiteurs, notamment l'histoire de la Grande Famine (1845-1852), qui poussa les Irlandais à émigrer massivement aux États-Unis.

Dans les années 1840, La Nouvelle-Orléans détenait le deuxième plus grand port du pays, et une importante communauté irlandaise s'y était déjà installée (dès 1769, l'Irlandais Alexander O'Reilly avait été nommé gouverneur de la Louisiane espagnole). De plus, le Mississipi constituait une voie commode pour les immigrants souhaitant s'établir dans les territoires situés au nord de la Louisiane.

En 1860, un citoyen de La Nouvelle-Orléans sur cinq était d'ascendance irlandaise, et cette communauté a largement contribué à la prospérité de la ville. Le musée rappelle notamment que la majeure partie de la main-d'œuvre employée pour creuser le New Basin Canal était d'origine irlandaise : travaillant dans des conditions épouvantables, nombre de ces ouvriers ont péri sur ce chantier qui, une fois achevé, a permis à l'économie locale de se développer de manière spectaculaire.

Par ailleurs, un écran tactile présente la biographie de trois Américains d'origine irlandaise qui se sont illustrés par leur générosité. Ainsi, John McDonogh (1779-1850) a légué sa fortune à La Nouvelle-Orléans et à Baltimore, afin que l'on y construise des écoles publiques accueillant tous les enfants, blancs comme noirs (libres). Margaret Haughery (1813-1882), surnommée « la mère des orphelins », a fondé quatre orphelinats dans la région, et a consacré son existence à aider les plus démunis. Quant au financier Oliver Pollock (1737-1823), il s'est littéralement ruiné en finançant la guerre d'indépendance, cause pour laquelle il fut le plus généreux donateur à titre privé.

Par ailleurs, Pollock aurait été parmi les premiers à utiliser le symbole du dollar (« $ ») dans ses opérations financières. Ce signe aurait été inspiré par les armoiries présentes sur les « pièces de huit » espagnoles, appelées aussi *Spanish Dollars* (« dollars espagnols »).

MUSÉE DU MARDI GRAS
DE GERMAINE WELLS

Une légendaire « reine du Carnaval »

813 Bienville Street
Tél. : 504-523-5433 · www.arnaudsrestaurant.com
Ouvert tous les jours de 18 h jusqu'à la fermeture du restaurant, le dimanche
de 10 h à 14 h 30
Accès : Tramway Rampart-St. Claude ou tramway Canal Street

Au premier étage d'Arnaud's, l'un des grands restaurants créoles de la ville, le Germaine Cazenave Wells Mardi Gras Museum est dédié à la passion que la fille du comte Arnaud Cazenave, fondateur d'Arnaud's, voua toute sa vie à la parade du Mardi gras.

De 1937 à 1968, Germaine Wells, en tant que « reine du Carnaval », régna sur plus de 17 des *krewes* (« équipes » qui organisent chaque année les parades) du célèbre Mardi gras de La Nouvelle-Orléans.

Le musée date de 1983, l'année du décès de Germaine Wells. Accessible gratuitement lorsque le restaurant est ouvert, il présente de nombreuses photos anciennes, ainsi que les costumes et bijoux que porta la reine au cours de sa longue carrière.

Ses robes, protégées par des vitrines, témoignent de l'éclectisme des goûts de Germaine Wells : à côté d'une tenue inspirée du style des courtisanes moyen-orientales, on remarque notamment une robe réalisée sur le thème du champagne, festonnée de grappes de raisin jaunes, ainsi qu'un déguisement de princesse de conte de fées. Ces robes sont pourvues de longues traînes, qui tapissent le fond de chaque vitrine.

Le Mardi gras, cependant, ne constituait qu'une partie des activités festives de Germaine Wells. Aussi, en pénétrant dans le musée, le visiteur ne sera-t-il pas surpris en découvrant une collection de bonnets de Pâques ayant appartenu à la reine du Carnaval.

La passion que Germaine Wells vouait aux parades l'incita en effet à importer de New York la tradition du défilé de Pâques. Cette coutume, qui fut rapidement adoptée par les habitants de La Nouvelle-Orléans, date de 1956 et se perpétue chaque année dans le Vieux carré français. Partant du restaurant Arnaud's, des chars tirés par des mules se rendent à la cathédrale Saint-Louis. Puis, après la messe, le cortège revient à son point de départ.

ATELIER ET MUSÉE BEVOLO

Une atmosphère romantique

316-318 Royal Street
Tél. : 504-552-4311 ou 504-522-9485
www.bevolo.com
Ouvert du lundi au mercredi de 9 h à 17 h 30, du jeudi au samedi de 9 h à 18 h,
le dimanche de 10 h à 16 h
Accès : Tramway Canal Street, tramway Riverfront et bus 5, Marigny-Bywater

Sur Exchange Place, un passage méconnu donne accès à l'arrière-boutique d'un célèbre commerçant de Royal Street : par cette porte dérobée, il est possible de venir assister au travail des artisans qui produisent les lanternes Bevolo, véritable symbole du Vieux carré français.

C'est en 1945 qu'Anthony Bevolo Jr. s'est installé sur Royal Street, avec une idée révolutionnaire : celle de construire des lanternes à gaz dont les parties métalliques seraient rivetées, ce qui les rendrait plus solides que les traditionnelles soudures utilisées jusqu'alors. Bevolo mit ainsi à profit sa longue expérience professionnelle, acquise notamment chez Ford, Igor Sikorsky et Andrew Higgins.

L'autre protagoniste de cette aventure fut l'architecte A. Hays Town (1903-2005), qui dessina les premiers modèles fabriqués par Bevolo.

De nos jours, des dizaines de lanternes de ce type balisent l'ensemble du Vieux carré français, et contribuent largement à l'atmosphère romantique du quartier, dont elles sont devenues indissociables : les artistes, les publicitaires, les photographes et les cinéastes ne manquent jamais de les inclure dans leurs vues du Vieux carré.

L'atelier qui les produit semble n'avoir pas changé depuis que Bevolo et Town ont commencé leur fructueuse collaboration. En le visitant, il est possible de discuter avec les artisans et, bien sûr, d'assister à toutes les étapes de la fabrication des fameuses lanternes, réalisées à la main à partir de cuivre patiné. Une frise chronologique présente également l'évolution de l'éclairage public au fil du temps, jusqu'aux créations de Bevolo, qui propose plus de 500 modèles différents, vendus dans le monde entier.

Quant à Hays Town, actif pendant plus de 65 ans, il a connu l'une des plus longues carrières de l'histoire de l'architecture américaine : devenu célèbre pour les bâtiments modernistes qu'il avait créés pour divers commerces et institutions, il s'est plus tard passionné pour l'architecture résidentielle. S'inspirant des styles traditionnels louisianais, il a réalisé de nombreuses demeures, dont beaucoup portent aujourd'hui des plaques apposées par la Foundation for Historical Louisiana, indiquant « *original Hays Town* ».

LE BÉRET DE GROUCHO

Un musée improvisé

Antoine's Restaurant
713 St. Louis Street
Tél. : 504-581-4422 - www.antoines.com
Ouvert du lundi au samedi de 11 h 30 à 14 h et de 17 h 30 à 21 h, le dimanche de 11 h à 14 h
Accès : Tramway Riverfront ou bus 5, Marigny-Bywater

Installé sur St. Louis Street, le célèbre Antoine's Restaurant appartient encore à la famille qui l'a fondé en 1840. Au fil du temps, l'établissement a réuni une collection hétéroclite, qui mérite une visite. Ainsi, au sein d'un curieux assortiment de cendriers, de vaisselle, de verres, de bouteilles et d'autres objets, on remarque le béret bleu foncé que Groucho Marx portait lors de sa première tournée européenne. Cette exposition, qui demeure l'un des secrets les mieux gardés de la ville, présente également une lettre autographe de Groucho, adressée au propriétaire de l'Antoine's Restaurant, Roy Alciatore.

Pour son atmosphère surannée, la salle à manger principale vaut le détour, mais d'autres pièces du restaurant regorgent de souvenirs historiques : on y découvre en effet les portraits de ceux qui s'y sont régalés, notamment Jean Harlow, J. Edgar Hoover et George Patton. En cherchant un peu, on découvrira même une photo dédicacée par les Marx Brothers.

La collection du restaurant ne cesse de surprendre : on y trouve notamment de la vaisselle et des verres ayant appartenu aux grands de ce monde (dont Napoléon), une ampoule originale Edison et une presse en argent servant à préparer le traditionnel canard au sang.

Chaque salle à manger est décorée différemment. Ainsi, la salle Rex, où se régalent le roi du Carnaval et sa suite avant la parade, est-elle décorée d'objets, de costumes et de bijoux évoquant Mardi gras.

D'autres salles thématiques sont également dignes d'intérêt : la salle Proteus, la salle des escargots, la salle japonaise (fermée après Pearl Harbor, et rouverte en 1999) et, bien sûr, la fameuse salle « mystère ». Jouxtant la salle à manger principale, cette dernière a reçu son nom à l'époque de la Prohibition : c'est dans cette pièce que se rendaient les dames, en passant par les toilettes, pour se faire servir des boissons alcoolisées dans des tasses à café. Lorsqu'on leur demandait ensuite d'où provenait cette boisson, elles répondaient simplement : « C'est un mystère. »

L'origine du mot « appetizer »

Dans la deuxième salle de l'Antoine's Restaurant, un grand panneau accroché parmi des photos de célébrités raconte l'origine du mot « *appetizer* ». Au début des années 1950, l'Association des restaurateurs des États-Unis avait souhaité remplacer l'expression « hors-d'œuvre », jugée trop européenne, par un équivalent à consonance américaine. Roy Alciatore, propriétaire de l'Antoine's Restaurant à l'époque, proposa « *appetite teaser* », que l'usage a transformé en « *appetizer* ».

LES SALLES SECRÈTES DE LA GALERIE M.S. RAU ANTIQUES

Des richesses insoupçonnées

630 Royal Street
Tél. : 1-888-711-8084
www.rauantiques.com
Ouvert du lundi au samedi de 9 h à 17 h 15
Accès : Bus 5, Marigny-Bywater ou tramway Riverfront

Si la galerie d'antiquités M. S. Rau Antiques, la plus importante d'Amérique du Nord, est célèbre pour la qualité exceptionnelle des pièces qu'elle vend, ses « salles secrètes » demeurent méconnues du plus grand nombre. Pour y accéder, il suffit pourtant de le demander poliment.

En effet, une porte dissimulée donne accès à un couloir décoré d'œuvres aussi rares que coûteuses (notamment le masque mortuaire de Napoléon), qui mène à un espace aménagé sur trois étages. On y découvre de véritables trésors, dont beaucoup mériteraient d'être exposés dans des musées.

Parmi les œuvres entreposées ici, il n'est pas rare de découvrir des originaux de peintres tels que Monet, Norman Rockwell, Toulouse-Lautrec, de Kooning, Hassam, Chagall et Van Gogh – pour n'en citer que quelques-uns.

Mais la galerie secrète comprend bien d'autres pièces intéressantes, à vendre ou déjà vendues : d'anciennes bornes de jeux d'arcade en parfait état, un piano et des violons mécaniques, une machine Enigma de la Seconde Guerre mondiale, un squelette d'ours vieux de 150 000 ans et haut de 2,50 mètres, et même 7 meubles provenant de la chambre à coucher du roi Farouk. Chacune de ces curiosités a, à un moment ou à un autre, figuré dans le catalogue de M.S. Rau Antiques, et la collection ne cesse de se renouveler : bien que l'on puisse se croire dans un musée, tous ces objets sont à vendre.

Le « fauteuil d'amour » du prince Édouard, fils de la reine Victoria

L'un des objets les plus sulfureux jamais vendus par M.S. Rau Antiques est assurément le « fauteuil d'amour » du prince Édouard : il permettait au futur roi d'Angleterre de prendre du bon temps en galante compagnie lorsqu'il se rendait à la maison close Le Chabanais, à Paris.

LE JARDIN DE SAINT-ANTOINE

L'ombre du Sacré-Cœur de Jésus

615 Pere Antoine Alley
Tél. : 504-525-9585
www.stlouiscathedral.org
Cathédrale ouverte tous les jours de 8 h 30 à 16 h
Jardin fermé au public

De nuit, l'intersection de Bourbon Street et d'Orleans Street offre, en direction du Mississipi, une perspective inattendue sur le petit parc qui jouxte la cathédrale Saint-Louis : mise en valeur par un puissant projecteur, la statue du Sacré-Cœur de Jésus (représenté les bras tendus et les paumes ouvertes) projette son ombre grandiose sur l'arrière de la cathédrale.

En plein jour, le St. Anthony's Garden, où se trouve cette statue, passe généralement inaperçu, éclipsé par la majestueuse cathédrale Saint-Louis (la plus ancienne des États-Unis encore en activité). Dissimulé derrière des haies et des vignes vierges, le jardin est entouré d'une clôture en fer forgé, sur laquelle les artistes ont l'habitude de présenter leurs œuvres depuis près d'un siècle.

Les rues qui bordent ce petit parc discret sont riches d'histoires et d'anecdotes, et méritent que l'on s'y attarde. Ainsi, c'est au numéro 624 de Pirates Alley, qui longe l'un des côtés du jardin, que William Faulkner a écrit son premier roman *Monnaie de singe* (*Soldiers' Pay*, 1926). De l'autre côté, au coin de Royal Street et de Pere Antoine Street, se trouve la galerie de l'artiste George Rodrigue (1944-2013), dont les peintures *Blue Dog,* inspirées d'une légende de loup-garou d'origine cadienne, ont connu un succès mondial dans les années 1990.

Le jardin est antérieur à la cathédrale qu'il jouxte et, au fil du temps, a connu différents usages : il fut d'abord un potager, puis une place de marché de 1830 à 1860, ainsi qu'un sanctuaire. On prétend également que des duels s'y seraient déroulés. Depuis 1890, il constitue un espace privé.

Le jardin porte le nom de saint Antoine de Lisbonne et de Padoue, traditionnellement invoqué pour retrouver des objets perdus ou des choses oubliées. Cependant, il est fréquemment confondu avec son homonyme, le capucin espagnol Antonio de Sedella, surnommé le « Père Antoine » : on raconte que le fantôme de ce personnage, légendaire à La Nouvelle-Orléans, hante la ruelle qui porte son nom.

Le jardin sert également de cadre à diverses manifestations organisées par des organismes caritatifs, notamment des expositions et des vernissages, et accueille à l'occasion des stars de cinéma et des célébrités littéraires (ce fut notamment le cas du poète Lawrence Ferlinghetti).

En 2005, l'ouragan Katrina abattit un grand chêne, dont la chute endommagea la statue du Sacré-Cœur de Jésus. L'archevêque émérite Alfred Hughes promit alors de ne pas faire réparer la statue tant que la ville ne serait pas remise de la catastrophe. Ce n'est qu'en 2010 qu'il a autorisé sa restauration.

MUSÉE DE LA PHARMACIE DE LA NOUVELLE-ORLÉANS ⑬

Le premier pharmacien agréé par le gouvernement des États-Unis

514 Chartres Street
Tél. : 504-565-8027
www.pharmacymuseum.org
Ouvert du mardi au samedi de 10 h à 16 h
Visites guidées du mardi au vendredi à 13 h

Au cœur du Vieux carré français, une enseigne ornée d'un mortier et d'un pilon porte l'inscription « La Pharmacie Française ». C'est dans cette ancienne officine, construite en 1823 par le premier pharmacien

agréé des États-Unis, Louis Dufilho Jr., qu'un petit musée a été installé. Les fenêtres de l'ancienne pharmacie, remplies de flacons contenant des liquides aux couleurs vives, rappellent que ces « globes colorés » ont constitué, dès le XIVe siècle, l'enseigne traditionnelle des boutiques d'apothicaires. Le musée, qui comporte deux étages, offre une présentation didactique de nombreux ingrédients, au nom parfois surprenant (comme le « serpent rouge »), qui servaient à préparer les médicaments d'autrefois. On y découvre également les différents domaines de compétence des pharmaciens au début du XIXe siècle.

De petites expositions abordent en effet des thèmes aussi variés que la dentisterie, l'alcool et ses usages, les brevets des médicaments, la chirurgie, l'ophtalmologie, l'homéopathie et l'obstétrique. On y apprend, en outre, que les remèdes et potions utilisés par les pratiquants du « voodoo » (variante du vaudou, particulière à La Nouvelle-Orléans) étaient vendus en pharmacie, quoique de manière discrète. Quelques-uns de ces articles et préparations, qui étaient généralement conservés sous le comptoir, sont exposés sur l'une des dizaines d'étagères que comporte le musée.

Né en France, Louis Dufilho Jr. a étudié à la faculté de pharmacie de Paris avant de rentrer à La Nouvelle-Orléans, où sa famille s'était installée au début du XIXe siècle. Le jeune diplômé a d'abord travaillé dans la pharmacie de son frère, au 63 Chartres Street, avant d'ouvrir sa propre officine, au numéro 514 de la même rue.

Les administrations française et espagnole avaient réglementé l'exercice de la profession de pharmacien et, lorsque la France vendit la Louisiane aux États-Unis en 1803, les autorités locales décidèrent de maintenir ce système : dès 1804, le premier gouverneur américain de Louisiane, William Claiborne, fit adopter une loi imposant aux pharmaciens pratiquant dans son État de passer un examen oral de 3 heures. Louis Dufilho Jr. fut le premier à le réussir.

L'ancienne officine possède une arrière-cour, dans laquelle les pharmaciens cultivaient probablement les herbes et plantes qu'ils utilisaient pour préparer leurs médicaments.

Une ancienne fontaine d'eau pétillante

À droite de l'entrée principale du musée, une belle fontaine d'eau pétillante, datant de 1855, rappelle une époque révolue. Bien que son mécanisme interne, dégradé par le temps, ne lui permette plus de fonctionner, ce dispositif, fait de marbre italien noir et rose, a conservé son cachet d'antan.

MARBLE HALL

« La plus belle salle d'affaires du monde »

423 Canal Street
Tél. : 504-670-2391
www.gsa.gov
Ouvert du lundi au vendredi de 8 h à 17 h
Visites sur rendez-vous uniquement
Accès : Tramway Canal Street

Le Marble Hall (« Hall de Marbre »), situé au premier étage d'un bâtiment fédéral, constitue l'une des salles les plus impressionnantes de la ville. Qualifiée de « plus belle salle de style Greek Revival des États-Unis », elle fut aussi considérée comme « la plus belle salle d'affaires du monde ». De nos jours, elle n'est plus guère utilisée que dans certaines occasions, et peu d'habitants de La Nouvelle-Orléans connaissent son existence.

Haute de près de 17 mètres, elle mesure 39 mètres de longueur sur 16,50 mètres de largeur. Sa corniche est soutenue par 14 colonnes corinthiennes hautes de 12,50 mètres, dont les chapiteaux sont ornés des visages de Mercure, dieu du commerce, et de Luna, déesse de la Lune, dont les sourcils en forme de croissant rappellent la topographie de la ville. Le plafond, constitué de panneaux de verre, laisse pénétrer la lumière du soleil, et les manivelles que l'on utilisait pour ouvrir certains

de ces panneaux avant l'invention de l'air conditionné sont toujours visibles. À l'extérieur du bâtiment, du côté de l'entrée de N. Peters Street, se trouvent de grands bas-reliefs figurant Bienville (le fondateur de la ville), Andrew Jackson (le héros de la bataille de La Nouvelle-Orléans), ainsi qu'un pélican nourrissant son petit (symbole de l'État de Louisiane).

C'est en 1848 que Henry Clay (1777-1852), une figure majeure de la politique américaine, a posé la première pierre de l'édifice. Toutefois, la construction, interrompue par la guerre de Sécession, ne fut terminée qu'en 1881, après que huit architectes se sont succédé pour la mener à bien. C'était dans le Marble Hall que les capitaines de navires déclaraient la nature de leur cargaison et payaient les taxes afférentes. La salle conserva cette fonction jusqu'au passage de l'ouragan Katrina, en 2005. Rénové en 1961 et en 1993, le bâtiment abrite désormais divers bureaux fédéraux. Depuis 2008, une partie de ses locaux est occupée par le Audubon Butterfly Garden and Insectarium, qui, aux États-Unis, constitue le plus grand musée privé consacré aux insectes.

De l'extérieur, la taille de l'édifice (qui occupe à lui seul un pâté de maisons) impressionne : dès 1848, il était prévu qu'il devienne le deuxième bâtiment le plus imposant des États-Unis, derrière le Capitole. Cet enthousiasme, cependant, ne fut pas partagé par Mark Twain, qui compara la structure à une glacière géante.

ROBERT E. NIMS JAZZ WALK OF FAME

Un panthéon de jazzmen

De Armas Street, Algiers Point
www.nps.gov/jazz
Ouvert de 6 h 15 à 11 h 45 - Accès : Ferry Algiers ou bus 101 Algiers

À Algiers Point, une statue de Louis Armstrong se dresse au sommet de la digue du Mississipi : elle marque l'emplacement du Robert E. Nims Jazz Walk of Fame, une agréable promenade offrant une vue dégagée sur le Vieux carré français et, sur la rive opposée du fleuve, sur Algiers Point, qui constitue le deuxième quartier le plus ancien de la ville.

Cette « Marche du Jazz », administrée par le National Park Service, constitue un véritable panthéon en l'honneur des plus grands noms de la musique de La Nouvelle-Orléans : sur les lampadaires à l'ancienne qui la jalonnent, des représentations et des biographies rendent hommage, notamment, à Louis Armstrong, Buddy Bolden, Kid Ory, Jelly Roll Morton, Pete Fountain, Al Hirt, Nick La Rocca et Louis Prima.

La situation du Robert E. Nims Jazz Walk of Fame, qui rappelle la diversité ethnique des grands jazzmen de La Nouvelle-Orléans, a été judicieusement choisie. Elle permet en effet de contempler, en contrebas, la rive occidentale du fleuve, qui hébergea nombre de précurseurs du style musical propre à la ville.

Le quartier d'Algiers Point, jadis surnommé « Brooklyn du Sud », fut l'un des foyers les plus actifs des spiritualités afro-américaines voodoo (à ne pas confondre avec le « vaudou » haïtien) et hoodoo. Au début du XXe siècle, quelque 36 lieux y étaient consacrés à la musique. Nombre de jazzmen y ont naturellement élu domicile. Parmi ces « Algériens », on peut citer Henry « Red » Allen, George Lewis, Elizabeth « Memphis Minnie » Douglas, « Kid » Thomas Valentine, Papa Celestin, ainsi que plusieurs familles de musiciens, dont les Adams, Brunies, Dast, Manetta et Marcour.

À son centre d'accueil du Vieux carré français, le National Park Service propose une visite audioguidée comprenant de nombreuses maisons anciennes proches du fleuve. L'Algiers Historical Society suggère également un itinéraire que l'on peut suivre grâce à son site web.

MAISON DE WILLIAM S. BURROUGHS

La demeure d'un écrivain légendaire

509 Wagner Street, Algiers Point
Résidence privée fermée au public
Accès : Bus 101, Algiers Loop

On peut s'étonner de trouver, au cœur du paisible quartier d'Algiers Point, une plaque commémorative dédiée à un écrivain américain à la réputation sulfureuse : pourtant, c'est bien au 509 Wagner Street, que William S. Burroughs a vécu de 1948 à 1949.

Cette maison, qui semble aujourd'hui banale, avec sa clôture grilla-gée et son palmier, avait été décrite par Jack Kerouac dans son roman *Sur la route* (*On the Road*, 1957) comme une « ruine délabrée dotée d'un porche intéressant » (le porche original, en bois, a depuis été remplacé par une construction en béton).

Selon Burroughs, son choix s'était porté sur ce quartier de banlieue, plutôt que vers le décor plus bohème du centre de La Nouvelle-Orléans, car Algiers Point était alors le moins cher de la ville.

Burroughs a habité cette demeure avec sa femme légitime, Joan Voll-mer, et leurs deux enfants. Au cours de leur bref séjour à Wagner Street, ils ont reçu la visite de quelques-uns des précurseurs les plus célèbres de la *Beat Generation*, notamment Kerouac et Allen Ginsberg. Puis la famille, après des démêlés avec la police locale pour détention de drogue et violation des lois sur les armes à feu, s'est enfuie au Mexique pour échapper à la justice.

C'est au cours de son séjour au Mexique que Burroughs, ivre, a ac-cidentellement tué son épouse, en tentant de rééditer, au revolver, le légendaire exploit de Guillaume Tell. Selon l'écrivain, cet « incident » aurait constitué un tournant majeur de sa carrière.

Surtout connu pour son roman polémique *Le Festin nu* (*Naked Lunch*, 1959), Burroughs est devenu l'un des artistes les plus créatifs du XXe siècle. Son importance dans la culture populaire est attestée par le grand nombre de musiciens qui se sont inspirés de son œuvre : parmi eux figurent notamment Frank Zappa, Patti Smith, Tom Waits, Philip Glass, U2, Kurt Cobain, John Cage et les Beatles (Burroughs apparaît d'ailleurs sur la pochette de leur album *Sgt. Pepper's Lonely Hearts Club Band*, sorti en 1967).

La plaque qui signale la maison de Burroughs à Algiers Point a été installée en 1996, à l'initiative du Eisenhower Center for American Stu-dies de l'université de La Nouvelle-Orléans.

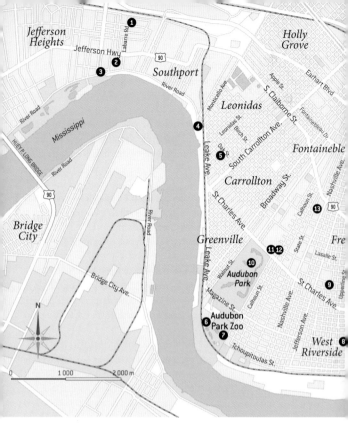

Uptown

1. LA LOCOMOTIVE 745 DE LA SOUTHERN PACIFIC — 46
2. LES PIÈCES D'OCHSNER — 48
3. CAMP PARAPET — 50
4. LES MAISONS DE LA « BATTURE » — 52
5. SÉANCES DE LECTURE DE POÈMES EN MÉMOIRE D'EVERETTE MADDOX — 54
6. LES BRIQUES DÉCORÉES DU ZOO D'AUDUBON — 56
7. LE LABYRINTHE D'AUDUBON PARK — 58
8. PLAQUE COMMÉMORATIVE DÉDIÉE À LEE HARVEY OSWALD — 60
9. LE CAFÉ NEUTRAL GROUND — 62
10. LA MÉTÉORITE DU PARCOURS DE GOLF D'AUDUBON PARK — 64
11. MIDDLE AMERICAN RESEARCH INSTITUTE GALLERY — 66
12. LES MOMIES DE TULANE — 68
13. LES VITRAUX DU SANCTUAIRE NATIONAL DE NOTRE-DAME DU PROMPT SECOURS — 70
14. PEINTURE L'ASSOMPTION DE MARIE — 72
15. FRESQUE DE SCHOENBERGER — 74
16. JANE ALLEY — 76
17. STATUE DU « ROI » GAMBRINUS — 78
18. LES POMPES DE BALDWIN WOOD — 80

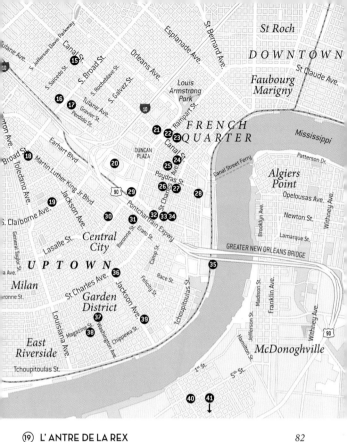

⑲	L' ANTRE DE LA REX	82
⑳	LE PANTHÉON DU SUGAR BOWL	85
㉑	STATUE MOLLY MARINE	86
㉒	LE PIANO DE BASILE BARÈS	88
㉓	LA « PENDULE MYSTÉRIEUSE » DE L'HÔTEL THE ROOSEVELT	90
㉔	BORNE DE LA JEFFERSON HIGHWAY	92
㉕	L'ANCIEN SIÈGE DE LA UNITED FRUIT COMPANY	94
㉖	MUSÉE DE LA RÉSERVE FÉDÉRALE	96
㉗	PIAZZA D'ITALIA	98
㉘	AMERICAN ITALIAN MUSEUM	100
㉙	LA FRESQUE D'ALBRIZIO À L'UNION PASSENGER TERMINAL	102
㉚	SCULPTURE EMBRACING THE DREAM	104
㉛	CITY WATCH	106
㉜	K&B PLAZA	108
㉝	BIBLIOTHÈQUE PATRICK F. TAYLOR	110
㉞	MUSÉE COMMÉMORATIF DES CONFÉDÉRÉS	112
㉟	PORT OF NEW ORLEANS PLACE	114
㊱	MUSÉE DES MAISONS DE POUPÉES	116
㊲	MUSÉE DES POMPIERS DE LA NOUVELLE-ORLÉANS	118
㊳	IRISH CHANNEL TINY MUSEUM	120
㊴	LA GARGOUILLE DE JACKSON AVENUE	122
㊵	GERMAN AMERICAN CULTURAL CENTER AND MUSEUM	124
㊶	STATUE DE MEL OTT	126

LA LOCOMOTIVE 745
DE LA SOUTHERN PACIFIC

L'une des douze locomotives de ce modèle en état de fonctionnement

1501 Jefferson Highway
Tél. : 504-539-4600
www.lasta.org - Ouvert le samedi de 8 h à 14 h
Accès : Bus E3 Kenner Loop

Une locomotive à vapeur « Mikado », type « 2-8-2 », jadis immatriculée « SP 745 » par la Southern Pacific Company, a été rénovée : elle occupe un emplacement discret situé derrière le parking du vaste centre médical Ochsner, où vieillissent les carcasses d'anciens wagons.

Quatorze mille locomotives de ce type ont été construites en Amérique du Nord, lorsque le transport ferroviaire connaissait son apogée. Aujourd'hui, la Southern Pacific 745 constitue l'un des douze exemplaires qui demeurent en état de fonctionnement. Le moteur de type « Mikado », aussi nerveux qu'efficace, était particulièrement répandu avant que l'industrie ferroviaire n'adopte le diesel et l'électricité.

Le magnat du transport ferroviaire et directeur de la Southern Pacific E. H. Harriman (1848-1909) avait exigé que toutes ses locomotives soient construites sur un même modèle, mettant en œuvre les technologies les plus avancées de son époque : cela explique le grand succès de la locomotive de type « 2-8-2 », qui fut alors copiée dans le monde entier.

Les chiffres « 2-8-2 » font référence à l'agencement des roues de cette locomotive : cette disposition particulière permettait de placer la chambre de combustion de manière à obtenir une plus grande puissance, ce qui rendait ce modèle plus rapide que ses concurrents.

Construite dans le quartier d'Algiers Point pendant la Première Guerre mondiale, la 745 a été achevée en 1921. En 1984, elle a été déplacée d'Audubon Park jusqu'à son emplacement actuel, et a depuis été restaurée par les bénévoles de l'association Louisiana Railway Heritage Trust, dont l'objectif est de faire découvrir au public l'histoire du transport ferroviaire.

En 2007, la 745, seule survivante des locomotives de ce type construites en Louisiane, a été classée Monument historique. Bien qu'elle ait cessé de servir la Southern Pacific Company en 1956, elle est désormais utilisée pour des voyages d'agrément en Louisiane – et même jusqu'à Kansas City.

LES PIÈCES D'OCHSNER

Les trente deniers de Judas

Ochsner Clinic
1514 Jefferson Highway
Tél. : 866-624-7637
www.ochsner.org
Accès : Bus E-3 Kenner Local

Dans la Ochsner Clinic, le couloir qui mène à l'hôpital est bordé de vitrines contenant un long texte, qui détaille les grandes étapes de l'histoire de cette prestigieuse institution médicale, créée en 1942 par le docteur Alton Ochsner et quatre de ses confrères.

Parmi les éléments les plus étonnants de cette fresque chronologique, un petit sac de cuir est présenté avec son inquiétant contenu : 30 pièces de 10 cents, représentant les 30 deniers d'argent que Judas Iscariote aurait reçus pour avoir trahi Jésus de Nazareth, d'après l'Évangile selon Matthieu (26:15).

À la fin des années 1930 et au début des années 1940, Ochsner et ses quatre confrères expérimentaient une pratique médicale innovante, qui s'appuyait sur le travail de groupe. Mais, à une époque où tous les praticiens du sud des États-Unis étaient indépendants, cette nouvelle manière d'appréhender la médecine fut considérée comme une menace pour la profession, qui craignait une baisse substantielle de ses revenus.

Aussi, au matin du Jeudi saint de 1941, Alton Ochsner et ses quatre confrères eurent-ils la désagréable surprise de recevoir des sacs de cuir contenant chacun 30 pièces de 10 cents. Le sens de ces messages anonymes était parfaitement clair : aux yeux de leurs confrères, les médecins de la Ochsner Clinic étaient des Judas. Choqués par cette accusation, les membres de la clinique manifestèrent, pendant des décennies, une vive acrimonie à l'égard des praticiens qui n'adhéraient pas à leur conception de la médecine.

De nos jours, cet incident est presque tombé dans l'oubli, et la Ochsner Clinic est devenue l'une des plus réputées des États-Unis.

Le docteur Alton Ochsner (1896-1981), descendant d'une longue lignée de médecins suisses remontant au XVe siècle, s'est installé à la Nouvelle-Orléans en 1927 (il avait alors 31 ans) pour y diriger le département de chirurgie de la Tulane University. Auteur de publications scientifiques de grande qualité, Ochsner fut aussi l'un des premiers à associer le cancer du poumon au tabagisme, une théorie qui, à l'époque, fut jugée ridicule par la majorité du corps médical.

Ochsner était aussi un chirurgien extrêmement talentueux : il fut, par exemple, le premier à séparer avec succès des jumeaux fusionnés (jumeaux « siamois »). Au cours de sa longue carrière (il opéra jusqu'à l'âge de 70 ans), il a procédé à plus de 20 000 interventions chirurgicales.

CAMP PARAPET

Le dernier témoin de la guerre de Sécession

À un demi-pâté de maisons à l'est de l'intersection de Causeway Boulevard et d'Arlington Street
www.jeffersonhistoricalsociety.com
Ouvert un samedi par an à l'automne, à l'occasion du Camp Parapet Day
Accès : Bus E-5, Causeway ou bus E-3, Kenner Local

Situé dans la paroisse de Jefferson, non loin du Mississipi, le site de Camp Parapet constitue le dernier témoin de la guerre de Sécession dans l'agglomération de La Nouvelle-Orléans.

Les années ont eu raison de la plupart des installations de cet ancien fort, aujourd'hui cerné par la banlieue de la ville. Toutefois, sa poudrière a été conservée : restaurée en 1984, cette construction en brique recouverte d'un monticule de terre est visible au travers de la clôture, et fait désormais partie de l'itinéraire des sorties scolaires, comme des visites organisées par la Jefferson Historical Society.

Cette place forte fut d'abord nommée « Fort John Hunt Morgan », en hommage au général confédéré qui s'était illustré dans le Kentucky. Elle avait alors pour vocation de défendre le côté nord de la ville d'une invasion de l'Union par voie fluviale. C'est cependant par le sud que la Union Navy, commandée par l'amiral David Farragut, prit La Nouvelle-Orléans en avril 1862. Les confédérés tentèrent alors de détruire le fort, mais furent pris de vitesse par les unionistes : sous son nouveau nom de « Camp Parapet », il demeura aux mains des Yankees jusqu'à la fin de la guerre.

Le site était doté d'un four à rougir les boulets, d'un observatoire, d'un poste de garde, de quartiers d'officiers, de neuf canons et de la poudrière qui, seule, a survécu.

Épargné par les combats, le fort a servi de refuge à de nombreuses familles d'esclaves affranchis travaillant pour le compte des unionistes. Beaucoup de ces Afro-Américains se sont également engagés dans les troupes du général abolitionniste John Walcott.

En effet, c'est à cette époque que l'armée de l'Union s'est dotée de régiments constitués uniquement de soldats de couleur, les U.S.C.T. (United States Colored Troops). Parmi ces volontaires, le 73e Régiment des U.S.C.T., stationné à Camp Parapet, s'est distingué par sa bravoure au cours du siège de Port Hudson (21 mai-9 juillet 1863). Le premier Afro-Américain à gouverner un État des États-Unis, P.B.S. Pinchback, avait également servi comme officier dans les U.S.C.T. En dépit de la brièveté de son mandat (il ne fut gouverneur de Louisiane que de décembre 1872 à janvier 1873), Pinchback fit longtemps figure de symbole, puisqu'il fallut attendre 1990 pour qu'un Afro-Américain occupe à nouveau cette fonction.

Durant la guerre, Camp Parapet a connu une forte mortalité, due à d'exécrables conditions sanitaires, et quelque 7 000 soldats y ont été inhumés (leurs corps ont, depuis, été transférés au Chalmette National Cemetery). Il a également servi de cimetière à deux églises du voisinage. Quant à ses installations, elles ont fait office de prison pour la paroisse de Jefferson jusqu'à la fin des années 1920.

LES MAISONS DE LA « BATTURE » ④

Des habitations sur pilotis

Intersection de Dakin Street et Monticello Avenue avec River Road
Accès : tramway St. Charles

S ur la rive (« batture ») du Mississipi, à la limite de La Nouvelle-Or-léans, d'étonnantes maisons ont été construites sur pilotis : il n'en demeure aujourd'hui qu'une douzaine, qui constituent un petit quartier méconnu de la ville.

Le style architectural de ces habitations n'est pas uniforme : alors que certaines ont manifestement été bâties de bric et de broc, d'autres paraissent avoir fait l'objet d'un soin particulier. La plupart de ces maisons disposent de passages surélevés, qui permettent d'atteindre la rive à pied sec pendant la crue annuelle du Mississipi.

Jadis, ce type de construction, particulièrement bien adapté à l'environnement, était la norme. De nos jours, il n'en demeure cependant qu'une poignée.

Dans ce contexte, le cadastre n'a cessé de poser d'insolubles difficultés aux autorités municipales : selon la loi, le terrain sur lequel les batture houses ont été édifiées fait partie du fleuve, et non de la ville. C'est pourquoi elles ne disposent ni de collecte d'ordures, ni de bouches d'incendie, ni d'adresses postales (à l'exception de Monticello Avenue).

De même, la notion de propriété constitue un véritable casse-tête. Faute de mieux, les autorités considèrent généralement les habitants de ces maisons comme des squatteurs. Toutefois, la situation s'est envenimée depuis qu'une famille a revendiqué la propriété d'une de ces constructions, située à quelques mètres seulement de River Road, dans laquelle une salle de jeux très populaire avait été installée… Jusqu'à présent, les tribunaux ont refusé d'accéder à sa requête.

Le problème n'est pas nouveau. Ainsi, en 1810, le président Thomas Jefferson avait-il déjà tenté de le résoudre, en remportant un procès contre l'avocat local Robert Livingston : selon le jugement qui fut rendu alors, la « batture » appartiendrait au gouvernement fédéral.

SÉANCES DE LECTURE DE POÈMES ⑤ EN MÉMOIRE D'EVERETTE MADDOX

Une tradition plus que trentenaire

Maple Leaf Bar
8316 Oak Street
Tél. : 504-866-9359
www.mapleleafbar.com
Les lectures ont lieu dimanche à 15 h
Accès : Tramway St. Charles

Chaque dimanche à 15 heures, le patio situé à l'arrière du Maple Leaf Bar sert de cadre aux séances de l'Everette Maddox Memorial Reading. Cette tradition, initiée par le regretté poète Everette « Rhett » Maddox (1944–1989), se perpétue depuis plus de 30 ans : elle est ainsi devenue la plus ancienne du genre dans le sud des États-Unis, et peut-être même dans l'ensemble du pays. Ces séances de lecture sont organisées par la poétesse Nancy C. Harris, qui fut l'une des amies d'Everette. Les poètes débutants, amateurs et reconnus y assistent chaque semaine, pour quelques heures seulement. Car le Maple Leaf Bar, le reste du temps, est réservé aux musiciens locaux.

Certaines stars de la musique de La Nouvelle-Orléans ont fait de ce lieu une véritable légende : James Booker, Walter « Wolfman » Washington, Rockin' Dopsie et la Rebirth Brass Band, notamment, s'y sont produits. Beyoncé y a également réalisé un film promotionnel, et il n'est pas rare que des vedettes telles que Bonnie Raitt et Bruce Springsteen y passent inopinément.

Mais, chaque dimanche, la poésie prend possession des lieux. Les poètes de la « Ville du Croissant » y déclament leurs vers – et parfois leurs plaisanteries – en l'honneur d'Everette Maddox, dont les cendres reposent toujours dans le patio du Maple Leaf Bar.

Everette Maddox : quel gâchis !

Né dans l'Alabama, Everette Maddox s'est installé à La Nouvelle-Orléans pour y occuper un poste d'enseignant.

Ses poèmes ont paru dans de prestigieux périodiques, notamment *The New Yorker* et *The Paris Review*. Les cendres du poète ont été enterrées dans le patio du Maple Leaf Bar, sous une plaque indiquant : « *Everette Maddox – He was a mess !* » (« Everette Maddox, quel gâchis! »).

Effectivement, à la fin de sa vie, Maddox fit figure de « poète résident » dans ce bar. Il y écrivait souvent sur des serviettes et des sous-verres, que ses amis récupéraient.

Grâce au propriétaire du bar, Hank Staples, ces poèmes furent publiés dans une compilation posthume, intitulée *American Waste* (« Gâchis américain »).

La célèbre poétesse Julie Kane se souvient de Maddox en ces termes : « Everette Maddox était une sorte de supernova humaine, qui brilla plus intensément que jamais avant de s'éteindre au Maple Leaf Bar. C'était un génie intellectuel, un poète doué, un comique, un ami fidèle et il était l'un des individus les plus charismatiques que j'aie jamais rencontrés. Sa vie a fini trop tôt, mais sa légende ne mourra jamais. »

LES BRIQUES DÉCORÉES DU ZOO D'AUDUBON

Des œuvres méconnues créées par la WPA

6500 Magazine Street
Tél. : 504-861-2537 - www.audubonnatureinstitute.org/zoo
Ouvert du lundi au vendredi de 10 h à 17 h, le samedi et le dimanche de 10 h à 18 h
Accès : Bus 11, Magazine

Dans le zoo d'Audubon, d'anciennes structures de brique présentent de magnifiques bas-reliefs : ces œuvres méconnues datent de la Grande Dépression et furent réalisées à l'initiative de la Works Progress Administration (WPA).

Peu après l'entrée, sur la gauche, l'ancienne volière (où se trouvent aujourd'hui les grues blanches) a été ornée dans les années 1930 d'oiseaux en vol et d'autres motifs d'animaux, que l'on distingue encore derrière la végétation.

Plus loin, après la fameuse *Elephant Fountain*, les tours flanquant l'entrée d'une aire de jeux pour enfants arborent les plus grands et les plus délicats de ces bas-reliefs : l'une de ces constructions comporte une représentation de la fable de La Fontaine *Le Lièvre et la Tortue*, et l'autre celle d'un loup hurlant à la lune.

La majeure partie du zoo d'Audubon a été construite par la WPA (bien que certaines structures, notamment la *Odenheimer Sea Lion Pool*, datent des années 1920). Modernisé et complètement réaménagé pendant les années 1970 et 1980, cet espace est devenu l'un des plus beaux parcs zoologiques des États-Unis.

Le site d'Audubon Park occupe ce qui fut jadis une plantation appartenant à Étienne de Boré, qui fut le premier maire de La Nouvelle-Orléans. De Boré a largement contribué au développement de l'industrie sucrière de la ville, en utilisant pour la première fois l'évaporateur à effet multiple, qui permettait de granuler le sucre (cette technique de raffinage avait été inventée par un autre citoyen de la ville, d'origine créole, Norbert Rillieux, cousin du peintre Edgar Degas).

En 1884, une exposition internationale célébrant la culture du coton s'est tenue sur le site d'Audubon Park. Il n'en reste aujourd'hui que quelques chênes centenaires, et ce qu'on a longtemps considéré comme une météorite, qui est en fait un énorme rognon de minerai de fer, abandonné sur place par le pavillon de l'État d'Alabama.

Monkey Hill, qui fut jadis le point culminant de la ville, n'a pas été édifiée par la WPA comme on le croit généralement, mais par la Civil Works Administration : c'est en 1934 (un an avant la création de la WPA) que ce monticule a été élevé grâce à la terre retirée lors de l'aménagement du parc.

Bien qu'elle ne soit plus le point culminant de la ville, Monkey Hill demeure très populaire dans la culture de La Nouvelle-Orléans. Il n'est guère d'habitant de la ville qui n'ait conservé le souvenir de « l'escalade » de cette « colline », haute de 4,50 mètres.

LE LABYRINTHE D'AUDUBON PARK⑦

Un symbole d'espoir et un lieu de reconstruction

À l'intersection de Laurel Street et East Drive
Tél. : 504-861-2537
www.audubonnatureinstitute.org
Ouvert de 5 h à 22 h
Accès : Bus 11, Magazine Street

Jouxtant le zoo d'Audubon, près de *L'Arbre de Vie*, le labyrinthe d'Audubon Park est entouré de chênes et de sycomores, ainsi que de bancs installés à la mémoire de défunts (ces bancs portent également diverses citations, tirées notamment des œuvres de George Washington, de Gandhi et de Camus).

À quelques mètres de la circulation incessante de Magazine Street, ce labyrinthe demeure presque invisible aux joggeurs et aux automobilistes, qui traversent le parc en suivant East Drive. Aussi ce lieu est-il particulièrement apprécié par ceux qui souhaitent s'affranchir du tumulte urbain, en passant un paisible après-midi en pleine nature.

Ce labyrinthe permanent, le premier de la ville, résulte d'une collaboration de cinq ans entre l'Institut Audubon et l'association des Amis du Labyrinthe d'Audubon Park. Conçu et réalisé par Marty Kermeen, il a été inauguré en 2006, le dimanche de Pâques.

Pour de nombreuses cultures, le labyrinthe constitue l'élément essentiel d'un rituel qui permet la transformation, en représentant la complexité du chemin de la Vie. Il peut également servir de lien avec Dieu, dont le fidèle se rapprocherait par le biais d'une longue méditation ambulante.

Le père François Legaux, ancien recteur de la cathédrale de Chartres, s'est fait le chantre des labyrinthes au début des années 1990, en attirant l'attention du monde entier sur le fameux labyrinthe de Chartres : aussi était-il présent lors de l'inauguration du labyrinthe d'Audubon Park.

Beaucoup considèrent ce labyrinthe comme un « symbole d'espoir et un lieu de reconstruction, de restauration et de rénovation ». En effet, le labyrinthe ayant été ouvert un an après les ravages causés par le passage de l'ouragan Katrina, il semble que la foi de la ville en sa propre renaissance s'y soit matérialisée.

PLAQUE COMMÉMORATIVE DÉDIÉE À LEE HARVEY OSWALD

Le quartier qu'habitait Oswald avant son départ pour Dallas

4801 Magazine Street
Tél. : 504-895-8117
Ouvert lundi et mercredi de 11 h à 3 h et du jeudi 11 h au lundi matin très tôt
Accès : Bus 11, Magazine Street

Vissée sur le comptoir du bar Le Bon Temps Roulé, une petite plaque métallique porte une surprenante inscription, si patinée qu'elle en est presque illisible : « Lee Harvey Oswald sat here » (« *Lee Harvey Oswald s'est assis ici* »). Ce petit témoignage, généralement méconnu des clients de l'établissement, a remplacé une plaque semblable qui, à l'origine, avait été apposée sur l'un des tabourets du bar.

Natif de La Nouvelle-Orléans, Oswald habitait à proximité de ce bar en octobre 1963, avant de se rendre à Dallas pour y assassiner le président John F. Kennedy, le 22 novembre de la même année (la culpabilité d'Oswald dans l'attentat, cependant, demeure controversée : abattu moins de 48 heures après sa capture, il n'a jamais été jugé).

La dernière résidence connue d'Oswald à La Nouvelle-Orléans se trouve au 4905 Magazine Street. Outre le Le Bon Temps Roulé, il semble qu'il ait également été, à cette époque, un habitué du Henry's Uptown Bar, situé au numéro 5101 de la même rue (voir l'encadré ci-dessous). L'immeuble du 4905 Magazine Street existe encore, mais le petit deux-pièces qu'occupait Oswald, masqué par un arbre, n'est pas visible de la rue. On remarque cependant, au numéro 4907 de la même rue, un cliché de John F. et Jackie Kennedy, assis à l'arrière de la décapotable présidentielle, le 22 novembre 1963.

Lee Harvey Oswald avait également ses habitudes au Henry's Uptown Bar (5101 Magazine Street). On raconte qu'il fut un jour mis à la porte du bar pour avoir tenté de changer de chaîne sur la télévision de l'établissement, afin de présenter aux clients un bulletin d'information local dans lequel il défendait la cause cubaine.

Derrière le bar du Henry's, une salle réservée aux jeux de billard et de fléchettes comporte un portait en carton de John F. Kennedy, grandeur nature.

LE CAFÉ NEUTRAL GROUND

Une capsule temporelle des années 1960

5110 Danneel Street
Tél. : 504-891-3381
www.neutralgroundcoffeehouse.com
Ouvert tous les jours, de 19 h à 0 h 15
Accès : Tramway St. Charles

Contrairement aux cafés qui ouvrent à l'heure du petit-déjeuner, le Neutral Ground ne vit que la nuit, et ce n'est qu'à partir de 19 h que le visiteur peut y pénétrer : l'activité de « café » n'est que secondaire dans cet endroit particulier, qui se veut avant tout dédié à la musique.

Le décor éclectique de ce lieu hors du commun évoque le contenu d'une capsule temporelle des années 1960. Pourtant, dans ce bric-à-brac qui semble provenir d'un marché aux puces (mobilier dépareillé, vieux canapés, tables pliantes de pique-nique, tabourets de bar et même bancs d'église), on distingue le souci d'un certain confort, dans une ambiance décontractée et accueillante.

Le Neutral Ground ne sert ni plats chauds ni alcool. Il est donc ouvert aux clients de tout âge, en quête de rencontres dignes d'intérêt, et surtout de musique, qui constitue la vocation principale du lieu.

En effet, chaque jour de la semaine, généralement de 19 h à 23 h, les musiciens amateurs peuvent réserver une heure, durant laquelle ils se produisent devant les clients du café. Les styles sont variés : bien que le folk et l'americana y soient le plus souvent représentés, le jazz, le hip-hop, la pop et le rock n'y sont pas négligés.

Nombre de musiciens locaux ont commencé leur carrière en ces lieux, car le café permet aux amateurs et aux professionnels de se côtoyer, et de soumettre leurs compositions à un public. Après chaque concert, un tronc circule d'ailleurs dans l'assistance : les débutants ont ainsi la possibilité de gagner un peu d'argent grâce à l'exercice de leur passion.

Par ailleurs, plusieurs artistes célèbres se sont produits au Neutral Ground, notamment Gina Forsythe, Jim McCormick, Lucinda Williams, Biff Rose, Pat Flory et Anders Osborne.

Le Neutral Ground fut d'abord établi en 1974 sur Maple Street. Cependant, après un incendie survenu en 1977, il fut déplacé dans les locaux qu'il occupe aujourd'hui.

Bien qu'elle y tienne une place prépondérante, la musique n'est pas la seule forme d'art mise en valeur par le café : chaque semaine, une heure est consacrée à la comédie, et une autre à la poésie. Depuis les débuts du Neutral Ground, la poésie constitue en effet une des spécialités du lieu : Allen Ginsberg, notamment, y a lu ses œuvres. Enfin, tous les dimanches, chacun peut se saisir du micro pour un quart d'heure, selon le principe du « premier arrivé, premier servi ».

LA MÉTÉORITE DU PARCOURS DE ⑩ GOLF D'AUDUBON PARK

Un corps céleste dans le fairway du 18ᵉ trou ?

6500 Magazine Street
Tél. : 504-861-2537 - www.audubonnatureinstitute.org
Ouvert le lundi de 11 h à 17 h 30, du mardi au jeudi de 7 h à 18 h, du vendredi au dimanche de 6 h 30 à 18 h
Accès : Bus 11 Magazine Street, ou tramway St. Charles

Parmi les bizarreries qui ponctuent les parcours de golf, la légendaire météorite plantée dans le fairway du dernier trou d'Audubon Park présente un attrait certain.

Tous les enfants de La Nouvelle-Orléans ont entendu l'histoire de cette roche rougeâtre, qui serait une météorite tombée sur la ville au XIXᵉ siècle. Pourtant, de récents travaux menés par un universitaire local ont conclu qu'il s'agissait en fait d'une relique datant de l'Exposition universelle de 1884, qui s'est tenue à Audubon Park : ce gros rognon de minerai de fer aurait été abandonné sur place, après avoir fait partie des curiosités exposées dans le pavillon de l'État d'Alabama (si tel était le cas, ce morceau de fer serait la seule trace laissée par l'Exposition).

Cependant, à une époque où la théorie du complot est plus populaire que jamais, certains s'obstinent à accréditer la thèse de la météorite, citant volontiers un article paru au XIXᵉ siècle dans le quotidien *Picayune* :

« La terrible déflagration qui a surpris tout Carrollton [une ville qui fut plus tard incorporée à La Nouvelle-Orléans] peu avant l'aube hier matin, ébranlant les maisons et brisant les vitres alentour, a été causée par la chute d'une énorme météorite. »

L'histoire se poursuit dans un autre journal :

« Douze petites masses de fer provenant de l'espace, ainsi que des milliers de fragments éparpillés sur le site ont été rapidement ramassés comme souvenirs. Beaucoup ornent à présent les manteaux de cheminée et les cabinets de curiosités de toute la région. »

Cette théorie soutient que les chasseurs de souvenirs représentaient alors une plus grande menace pour le parc que les débris célestes, et qu'il était devenu nécessaire d'installer une clôture et des gardes pour protéger le site : ces dispositions, naturellement, constitueraient les preuves d'un complot, dans lequel les fonctionnaires du parc auraient été impliqués.

On remarque toutefois que l'article de journal annonçant la chute d'une météorite est daté du 31 mars… soit la veille du 1ᵉʳ avril !

MIDDLE AMERICAN RESEARCH INSTITUTE GALLERY

Un voyage dans l'Antiquité de l'Amérique centrale

Dinwiddie Hall, Tulane University
6823 St. Charles Avenue
Tél. : 504-865-5110
mari.tulane.edu
Ouvert du lundi au vendredi, de 9 h à 16 h
Accès : Tramway St. Charles

Au deuxième étage du Dinwiddie Hall, l'un des bâtiments les plus anciens de la Tulane University, une petite exposition montée par le Middle American Research Institute (« Institut de recherches mésoaméricaines », également connu sous l'acronyme « MARI ») retrace l'histoire de la civilisation maya, de ses balbutiements jusqu'à nos jours, où son influence culturelle n'a pas complètement disparu.

Les pièces présentées montrent la richesse et l'éclectisme de la collection du MARI : les armes y côtoient les objets de la vie quotidienne et religieuse, notamment une remarquable série de récipients en terre cuite, en obsidienne et en jade. L'exposition comporte également plusieurs moulages de reliefs, réalisés par les chercheurs de la Tulane University au cours de leurs nombreuses expéditions, ainsi que des répliques d'autels en trois dimensions.Par ailleurs, l'importance de certains symboles dans l'art maya fait l'objet d'une présentation didactique comprenant plusieurs sifflets anthropomorphes en terre cuite, dont les formes et les ornements sont très variés. La dernière salle de l'exposition est consacrée à la persistance de certaines traditions mayas (notamment dans les masques et les tissus du Guatemala) dans la culture de l'Amérique centrale. Cette présentation est complétée par une série de documents (photographies, croquis et notes de terrain) concernant différents aspects des traditions du Mexique, du Sud-Ouest américain et de l'Amérique du Sud.

Un institut universitaire financé par un homme d'affaires à la réputation sulfureuse

C'est grâce au soutien financier de Sam Zemurray (1877-1961) que le Middle American Research Institute a été créé en 1924. Ce redoutable homme d'affaires, originaire d'Europe de l'Est, avait bâti son empire grâce au commerce des bananes (aussi était-il surnommé « *Sam the Banana Man* »). Sa principale société, la puissante United Fruit Company, est demeurée célèbre pour ses pratiques douteuses – car Zemurray, pour asseoir son monopole, n'a pas hésité à corrompre les gouvernements de plusieurs pays d'Amérique latine. Dès le début, les objectifs du MARI ont été particulièrement ambitieux. Ainsi l'Institut est-il devenu l'une des principales institutions académiques vouées à l'étude des civilisations mésoaméricaines. Ses salles d'exposition sont ponctuées d'hommages aux savants qui ont contribué au succès de l'Institut, notamment Frans Bloms, Doris Zemurray Stone, E. Wyllys Andrews V et Marcello Canuto.

L'exposition actuelle date de 2012. Tout en permettant au public de découvrir la richesse des cultures d'Amérique centrale, elle vise à promouvoir l'excellence du Middle American Research Institute de la Tulane University.

LES MOMIES DE TULANE

Deux momies égyptiennes

Dinwiddie Hall, Tulane University
6823 St. Charles Avenue
Tél. : 504-865-5110 - www.mari.tulane.edu
Ouvert du lundi au vendredi de 9 h à 16 h, sur rendez-vous uniquement
Accès : Tramway St. Charles

Beaucoup ignorent qu'une petite salle du département d'anthropologie de la Tulane University recèle deux momies égyptiennes, celle d'un homme et celle d'une femme, ainsi que leurs cercueils en bois.

Seul le corps féminin, anonyme, mais surnommé « Nefer Atethu » depuis le milieu du XIXe siècle, est actuellement visible. La momie masculine, celle d'un prêtre et chef des artisans d'un temple de la région thébaine nommé « Djed-Djehouty-iouefânkh », subit en effet quelques examens complémentaires.

Ces deux momies ont déjà fait l'objet de recherches approfondies : radiographiées, passées au scanner et modélisées en trois dimensions par ordinateur, elles ont révélé d'utiles informations.

Il est notamment apparu que ces restes humains avaient été découverts dans la région de la ville actuelle de Louxor (l'ancienne Thèbes, mentionnée dans la titulature de Djed-Djehouty-iouefânkh), et que ces deux Égyptiens avaient vécu aux environs de 900 av. J.-C., à une époque appelée « Troisième Période intermédiaire » par les égyptologues. La qualité du processus de momification utilisé montre que tous deux avaient un statut social relativement élevé.

L'homme aurait été âgé d'une cinquantaine d'années à sa mort, tandis que la jeune fille serait décédée vers l'âge de 15 ans.

Ces deux momies ont été offertes à la Tulane University en 1852 par l'ancien vice-consul américain en Égypte George Gliddon.

Passionné d'égyptologie, Gliddon était alors bien connu du public américain par ses conférences et publications, au point qu'Edgar Allan Poe en avait fait l'un des personnages de son conte *Petite discussion avec une momie* (*Some Words with a Mummy*, 1845).

Depuis 1852, les momies de Tulane ont connu maintes péripéties : déplacées plusieurs fois, elles ont fini par être entreposées, pendant une vingtaine d'années, dans un local situé sous les gradins du Tulane Stadium, où se disputent les matchs de football de l'université.

Ce n'est qu'un an avant la démolition de l'ancien stade qu'elles ont été à nouveau déplacées. Au département d'anthropologie, elles sont désormais conservées dans des conditions optimales.

LES VITRAUX DU SANCTUAIRE NATIONAL DE NOTRE-DAME DU PROMPT SECOURS

Des merveilles sorties de l'atelier d'Emil Frei

National Shrine of Our Lady of Prompt Succor
2635 State Street
Tél. : 504-866-1472 - www.shrineofourladyofpromptsuccor.com
Ouvert du lundi au vendredi de 10 h jusqu'à 15 min après la messe ; samedi et
dimanche, 45 min avant et après la messe
Accès : Bus 16, S. Claiborne Avenue

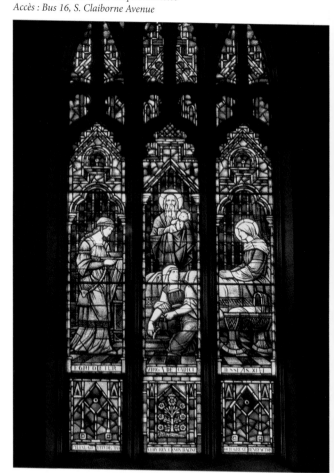

Situées sur le campus de l'Ursuline Academy, les chapelles du National Shrine of Our Lady of Prompt Succor comportent, entre autres œuvres d'art, des vitraux d'une facture exceptionnelle.

Ce majestueux sanctuaire date de 1924. Les Ursulines qui, avant cette date, résidaient dans leur couvent du Vieux carré français, y sont d'abord demeurées cloîtrées, ce qui explique qu'une petite chapelle, à droite de l'autel, ait été installée à l'intérieur de la chapelle principale : ce petit espace permettait alors aux religieuses de prier en retrait des autres paroissiens. Les deux chapelles se distinguent aussi par les thèmes représentés sur leurs vitraux : ceux de l'édicule des religieuses racontent la vie de la Vierge Marie, et ceux de la chapelle extérieure sont ornés de scènes de la vie du Christ.

Ces vitraux ont été réalisés dans l'atelier d'Emil Frei, fondé à Saint-Louis en 1898. Immigrant d'origine allemande, Frei a connu un vif succès à La Nouvelle-Orléans, où de nombreuses églises se sont dotées de ses créations dès le début du XXe siècle.

En 1915, notamment, on fit appel à ses services pour remplacer des dizaines de vitraux brisés lors du passage d'un ouragan.

Les œuvres de Frei et de ses artisans se distinguent par la profondeur de leurs teintes (notamment les bleus), due à l'utilisation d'oxyde de fer, ainsi que par la qualité du verre lui-même : soufflé à la bouche, il est particulièrement épais, et sa surface présente un aspect inégal qui lui confère, selon les mots de Frei lui-même, « beaucoup de charme ».

L'atelier de Frei, réputé pour la qualité de ses créations, avait également pour règle de ne jamais produire deux vitraux identiques.

Quant à l'ordre des Ursulines, propriétaire du sanctuaire, il constitue l'une des plus anciennes institutions de La Nouvelle-Orléans : les premières religieuses françaises s'y sont établies dès 1718, avec la mission d'éduquer les femmes et les jeunes filles (européennes, noires, amérindiennes, esclaves ou libres) par l'alphabétisation, l'apprentissage du calcul et la foi catholique. De nos jours, l'Ursuline Academy perpétue cette tradition séculaire.

L'ombre du Christ

Outre ses admirables vitraux, la chapelle recèle une curiosité méconnue : en se plaçant près de l'autel et en regardant sur la gauche, on remarque une ombre projetée sur un pilier de béton. Selon certains, il s'agirait de celle du Christ lui-même.

PEINTURE *L'ASSOMPTION DE MARIE*

La plus grande toile d'art religieux au monde

Library Resource Center de la Xavier University
1 Drexel Drive
Tél. : 504-486-7411
www.xula.edu/library
Ouvert du lundi au jeudi de 7 h 30 à 2 h du matin, le vendredi de 7 h 30 à 20 h,
le samedi de 10 h à 18 h, le dimanche de 12 h 30 à 2 h du matin
Accès : Bus 27, Louisiana ou bus 90, Carrolton

Au centre de l'atrium du Library Resource Center de la Xavier University, une toile monumentale du peintre néo-expressionniste Fredrick J. Brown (1945-2012) représente l'Assomption de Marie dans une composition unique, mêlant des thèmes religieux et profanes.

La Vierge Marie, étendant les bras dans une attitude bienveillante, domine le tableau. Elle y apparaît flanquée du pape Jean-Paul II et de la religieuse Katharine Drexel – la première Américaine à avoir été canonisée, mais aussi la fondatrice de la Xavier University, l'une des plus importantes universités afro-américaines.

L'Assomption de Marie (appelée aussi « Dormition ») est la croyance religieuse orthodoxe et catholique selon laquelle la Vierge Marie, au terme de sa vie terrestre, est entrée directement dans la gloire de Dieu. Bien que ce dogme ait été représenté de diverses manières dans l'art religieux au fil du temps, Brown a fait le choix singulier de l'inscrire dans une thématique inhabituelle : puisque l'iconographie traditionnelle de l'Assomption inclut généralement un chœur, il a choisi de donner à ses membres des visages contemporains, ceux de musiciens célèbres (dont Louis Armstrong, Duke Ellington, Ruby & the Romantics, Miles Davis, Dizzy Gillespie et Jimi Hendrix), mais aussi ceux d'Amérindiens, d'esclaves, ainsi que ceux des étudiants et des professeurs de l'université.

Cette peinture, la plus grande œuvre d'art religieux sur toile au monde, mesure 8,50 mètres de largeur, 4 mètres de hauteur et pèse 3 tonnes. Sa taille et son poids ont d'ailleurs causé nombre de difficultés logistiques, et son installation a été supervisée par le sculpteur et professeur de la Xavier University John T. Scott.

Chaque année, cette université catholique se distingue parmi les meilleures institutions privées d'enseignement supérieur aux États-Unis. Récemment, elle a agrandi son campus en se dotant de nouvelles installations. Il n'est guère d'habitant de La Nouvelle-Orléans qui ignore son existence, puisque son bâtiment principal est situé en plein centre-ville.

Le campus lui-même, cependant, demeure largement méconnu : implanté dans un secteur sillonné de quelques rues peu fréquentées, il n'attire guère les habitants de la ville qui l'entoure.

Frederick J. Brown, dont la renommée s'étendait alors jusqu'en Chine (de son vivant, il était le seul artiste américain à faire l'objet d'une exposition d'importance au Musée national chinois de la place Tian'anmen), se serait rendu à La Nouvelle-Orléans pour assister au New Orleans Jazz & Heritage Festival. Il y aurait retrouvé un ami dont le père, le Dr. Norman Francis, était depuis longtemps président de la Xavier University. Ce dernier lui aurait alors demandé d'offrir l'une de ses œuvres à l'université pour décorer la future bibliothèque, qui était alors en construction. Brown aurait accepté, et peint *The Assumption of Mary*.

FRESQUE DE SCHOENBERGER

Une toile qui fut la plus grande du monde

Swan River Yoga Studio
2940 Canal Street
Tél. : 504-301-3134 - www.swanriveryoga.com
Ouvert du lundi au vendredi de 6 h 15 à 20 h, le samedi de 9 h 30 à 21 h,
le dimanche de 8 h 30 à 20 h 30
Accès : Tramway Canal Street

C'est par miracle que l'immense toile achevée en 1941 par l'artiste Edward Schoenberger (1915-2007) a survécu aux outrages qu'elle a connus depuis sa réalisation : au fil du temps, elle fut occultée par des étagères, plâtrée, masquée par un faux-plafond, maculée de graffitis et percée par des ouvriers peu scrupuleux. Cette œuvre, longue de plus de 15 mètres, réalisée à l'initiative de la Works Progress Administration (WPA), s'intitule *History of Printing* (« Histoire de l'Imprimerie »). Patiemment restaurée par l'artiste locale Jeanne Louise Chauffe, elle décore désormais un studio de yoga.

Ce tableau, haut de près de 3 mètres, représente les efforts déployés par les hommes pour consigner leur histoire : des dessins préhistoriques à la calligraphie chinoise, en passant par les hiéroglyphes égyptiens et les manuscrits des moines du Moyen Âge, cette fresque célèbre l'invention de Gutenberg et des techniques modernes d'imprimerie.

Natif de La Nouvelle-Orléans, Schoenberger a inclus quelques touches personnelles dans son œuvre : les visages des moines s'inspirent de ceux des membres de sa famille, et l'un d'eux constitue un autoportrait de l'artiste. Par ailleurs, sur l'un des livres tenus par les religieux, une vignette reproduit les traits de la première femme de Schoenberger, Philomena. Enfin, un discret message s'adresse aux visiteurs qui s'approchent de l'œuvre : « Si vous pouvez lire ceci, alors vous êtes trop près. »

Le tableau de Schoenberger avait été commandé par la Bibliothèque publique de La Nouvelle-Orléans, fondée par le magnat de l'acier Andrew Carnegie (1835-1919). L'artiste s'acquitta de cette commande en travaillant sur une longue toile cimentée au mur. Au moment de son achèvement, son œuvre fut considérée comme la plus grande toile au monde.

Issu d'une famille d'artistes, Schoenberger s'est aussi essayé à la musique. Il termina sa carrière en tant que directeur du Marathon County Historical Museum de Wausau, dans le Wisconsin.

Au fil des années, le local de la bibliothèque où se trouvait son œuvre a été cédé à différents propriétaires.

Les travaux de restauration, estimés à plus de 100 000 \$, demeurèrent inaccessibles pour la plupart d'entre eux, jusqu'à ce que Jeanne Louise Chauffe prenne, bénévolement, les choses en main : en dépit de la moiteur et de la chaleur qui caractérisent les étés de La Nouvelle-Orléans, elle parvint à achever la restauration de cette gigantesque toile à l'automne 2011.

Naturellement, les amis de Schoenberger regrettent que l'artiste n'ait pas vécu assez longtemps pour voir son œuvre ressuscitée.

JANE ALLEY

*Un petit hommage au fils le plus célèbre
de La Nouvelle-Orléans*

*727 South Broad Avenue
Tél. : 504-658-8500
Accès : Bus 39, Tulane*

Un panneau bleu et blanc indiquant « #1 Jane Alley » se dresse devant l'actuel tribunal municipal : il signale l'emplacement de la maison natale du célèbre jazzman Louis Armstrong (1901-1971).

Jane Alley a été rasée au début des années 1960, dans le cadre d'un plan de rénovation urbaine et, jusqu'à une période très récente, la mémoire de Louis Armstrong ne fut guère honorée par la municipalité. Hormis ce modeste panneau, il fallut attendre le mandat de Marc H. Morial (maire de La Nouvelle-Orléans de 1994 à 2002) pour qu'une plaque commémorative en marbre noir soit installée près de la fontaine du tribunal municipal, et que l'aéroport international de la ville prenne le nom du musicien.

Le quartier dans lequel se trouvait Jane Alley, connu sous le nom de « Backatown », avait (et a toujours, quoique dans une moindre mesure) fort mauvaise réputation : jusque dans les années 1960, les taudis y étaient nombreux.

Autour de la maison natale de Louis Armstrong, quelques pâtés de maisons étaient même surnommés « Battlefield » (« champ de bataille »), en raison des fusillades et des bagarres qui y éclataient quotidiennement.

Toutefois, en se remémorant ses jeunes années, Armstrong ne regrettait pas ce contexte difficile. Il semblait ne se souvenir que de l'influence considérable que la musique exerçait alors sur cet environnement : « Nous étions très pauvres, mais la musique était partout autour de nous. La musique était ce qui nous permettait de continuer à vivre. »

En effet, Battlefield, ainsi que le quartier voisin où sa famille déménagea lorsqu'il avait 5 ans, se trouvaient à proximité du fameux Funky Butt Hall : c'est sans doute en ces lieux que le jeune Louis découvrit le jazz, en observant, à travers les lézardes de ce bâtiment, les concerts des grands musiciens d'alors.

Il semble que ce contexte ait servi d'incubateur au jazzman de renommée internationale qu'Armstrong est devenu plus tard. Car le jeune Louis fut arrêté pour avoir tiré en l'air, à l'occasion de la Saint-Sylvestre, avec le pistolet de son beau-père (une tradition qui, hélas, se perpétue encore de nos jours dans certains quartiers de La Nouvelle-Orléans). Âgé de 9 ans seulement, Armstrong fut alors envoyé à la Colored Waif's Home (une institution pour « enfants à problèmes »), où il fit la connaissance du professeur de musique Peter Davis, qui lui enseigna le solfège et la trompette pendant dix-huit mois.

Aussi qualifia-t-on l'arrestation d'Armstrong comme « l'arrestation la plus importante de tous les temps ».

Un symbole pour les amateurs de bière

2600 Gravier Street
Tél. : 504-821-7776
Accès : Bus 39, Tulane Avenue ou bus 94, Broad Avenue

Au-dessus de l'entrée des Falstaff Apartments de Central City, la statue d'un roi levant son gobelet rappelle que ce bâtiment abrita jadis une brasserie, la Falstaff Brewery, ouverte à la fin des années 1930.

On considère souvent que cet homme barbu, le pied posé sur un tonneau de bière, évoque Sir John Falstaff, le truculent personnage de Shakespeare.

En y regardant de plus près, on constate cependant que la statue porte une couronne : il s'agit donc d'une représentation de Gambrinus, un roi mythique de Flandre et Brabant devenu le symbole des amateurs de bière aux environs du XIIe siècle. Bien que ce personnage n'ait aucune réalité historique (il a été associé à différents souverains, au fil des siècles), plusieurs légendes prétendent qu'il mit au point de nouvelles techniques brassicoles.

Cette tradition ayant traversé l'Atlantique, les représentations de Gambrinus étaient particulièrement répandues dans les brasseries des États-Unis à la fin du XIXe siècle.

Toutefois, la statue de la Falstaff Brewery fut rapidement dissimulée au regard des passants par les bâtiments environnants, et particulièrement par la tour de la brasserie elle-même, dont les illuminations constituaient une attraction populaire parmi les habitants de la ville : à partir de 1952, les lettres clignotantes du nom de « Falstaff », ainsi qu'un globe lumineux placé au sommet de l'enseigne, donnaient des indications météorologiques : éclairé en vert, le globe signifiait « beau temps », en rouge, « nuageux » et, en blanc, « pluvieux ». Quant aux lettres « FALSTAFF », elles clignotaient de bas en haut pour annoncer une température en hausse, et en sens inverse pour un rafraîchissement à venir.

Éteinte en 1978, cette enseigne a été remise en service après la transformation de la brasserie en immeuble d'habitation.

LES POMPES DE BALDWIN WOOD  ⑱

Une des merveilles de l'ingénierie du début du XXᵉ siècle

A. Baldwin Wood Number 1 Pumping Station
À l'intersection de S. Broad Avenue et de Martin Luther King Jr. Boulevard
Tél. : 504-529-2837 (Sewerage and Water Board, « Office des Égouts et des Eaux »)
www.swbno.org
Accès : Bus 28 MLK ou bus 94 Broad

À l'intersection de S. Broad Avenue et de Martin Luther King Jr. Boulevard, d'énormes tubes métalliques traversent le mur d'un bâtiment industriel en briques : cette station de pompage, la A. Baldwin Wood Number 1 Pumping Station, abrite l'une des merveilles de l'ingénierie du début du XXᵉ siècle.

Parmi les milliers de Néo-Orléanais qui, chaque jour, passent à côté de cette station, peu sont conscients du rôle essentiel qu'elle joue, depuis plus de cent ans, dans le drainage de leur ville.

En effet, à la fin du XIXᵉ siècle, la majeure partie de ce qui constitue aujourd'hui La Nouvelle-Orléans était marécageuse, et donc inconstructible. De plus, la ville, alimentée en eau « potable » par le Mississipi et des citernes recueillant l'eau de pluie, était alors considérée comme la plus insalubre des États-Unis.

C'est à l'ingénieur A. Baldwin Wood (1879-1956), diplômé de la Tulane University, que la cité doit d'avoir pu s'étendre : embauché en 1899 par le Sewerage and Water Board (créé en 1893), Wood mit au point un système de pompe permettant de drainer l'eau de la ville, dont la topographie particulière avait été qualifiée de « bol de soupe ».

Les pompes de Wood ont été installées entre 1913 et 1915, et nombre d'entre elles (dont celles de la Number 1 Pumping Station) fonctionnent encore de nos jours.

Ces machines ont été si bien conçues qu'une seule d'entre elles, en plus de cent ans de fonctionnement, a dû être réparée : dès le début, Wood les avait dotées de lames spéciales, de forme arrondie, qui empêchaient leur blocage par des corps étrangers.

Lorsque les eaux de l'ouragan Katrina ont inondé la ville en 2005, deux pompes mises en place par Wood ont continué à fonctionner, et se sont révélées plus fiables que les dispositifs de conception plus récente.

Le succès du système mis au point par Wood fut tel que le monde entier sollicita son expertise. Tout en poursuivant sa carrière à La Nouvelle-Orléans, l'ingénieur travailla alors, en tant que consultant, à la conception de systèmes de drainage pour plusieurs grandes villes nord-américaines, dont Chicago, Milwaukee, Baltimore et San Francisco. À l'étranger, son activité de conseil le mena notamment en Chine, en Inde et en Égypte.

Wood contribua aussi à la poldérisation du Zuiderzee, aux Pays-Bas. Près d'un siècle plus tard, ce sont les ingénieurs néerlandais qui sont venus proposer leur aide à La Nouvelle-Orléans, dont le système de drainage devait être reconstruit.

L' ANTRE DE LA REX

Le roi du carnaval

2531 S. Claiborne Avenue
www.rexorganization.com
Généralement fermé au public, mais il arrive que les portes du hangar restent
entrouvertes, permettant aux curieux de jeter un furtif coup d'œil à l'intérieur
Des visites privées peuvent être organisées en écrivant à l'adresse :
contact@rexorganization.com
Accès : Bus 16, S. Claiborne

L e hangar blanc situé au 2531 S. Claiborne Avenue abrite l'un des symboles de La Nouvelle-Orléans : c'est en ces lieux que les chars de parade de la fameuse *krewe* Rex sont construits et entreposés (les *krewes* sont les « équipes » participant au carnaval de la ville).

Dans le passé, le thème de la parade, les chars et l'organisation de la Rex (dirigée désormais par la Design School) étaient tenus secrets.

Toutefois, cette règle s'est assouplie de nos jours, puisque des visites guidées sont parfois organisées pour recueillir des fonds reversés à des œuvres de charité (la devise de la Rex, « *Pro Bono Publica* », se traduit par « Pour le bien public »), particulièrement dans le domaine de l'éducation : en 2016, leur montant total a atteint un million de dollars.

Dès que la parade annuelle s'achève, la préparation de celle de l'année suivante commence. Les thèmes des chars s'inspirent généralement de l'histoire, de la mythologie, de la géographie et des arts, et leur construction mobilise un petit contingent d'artistes et d'artisans, qui consacrent plusieurs milliers d'heures de travail à des œuvres qui, souvent, ne seront visibles qu'une seule journée, celle du Mardi gras suivant.

Quelques chars, cependant, défilent chaque année, notamment celui du Roi, celui du « Bœuf gras », ainsi que le plus récent des « chars permanents », le *Butterfly King* (« Roi Papillon »), réalisé en 2012. Le reste de la parade est constitué de nouveaux chars, décorés de figures en papier mâché fixées sur des chariots.

La Rex a été créée en 1872 par un groupe d'hommes d'affaires pour accueillir à La Nouvelle-Orléans le grand-duc Alexis de Russie et pour promouvoir le tourisme local. Cette *krewe*, la plus ancienne de la ville, a instauré deux traditions qui perdurent de nos jours : l'usage des couleurs violet, vert et or (les couleurs de la Rex, qui sont devenues les couleurs officielles du Mardi gras), et la chanson *If Ever I Cease To Love* (« Si jamais je cesse d'aimer » : appréciée par le grand-duc, elle est demeurée l'hymne traditionnel de la parade). Chaque Mardi gras, la Rex reçoit la clé symbolique de la ville des mains du maire de La Nouvelle-Orléans.

L'histoire de la *krewe* Rex, ainsi que les thèmes traités sur ses chars font désormais l'objet d'un site web : www.rexorganization.com.

RON MAESTRI
Contributor

- Built successful baseball program at UNO that had 14 winning seasons and nine NCAA tournament appearances during his 18-year coaching tenure
- Team finished second in the Division II World Series in 1974 and tied for fifth place in the Division I World Series in 1984
- Became athletic director for UNO in 1979 and was instrumental in the development of the university athletic complex, including Kiefer UNO Lakefront Arena and Privateer Park

Elected to the Hall of Fame in 1996

BOB ROESLER
Contributor

- Sportswriter for the *Times-Picayune* who was named sports editor in 1964 and executive sports editor in 1980
- Served on all New Orleans Super Bowl Task Force Committees, as president of the Professional Football Writer's Association, and as chairman of the Sugar Bowl Sports Selection and Hall of Fame Committees

Elected to the Hall of Fame in 1996

ROCH HONTAS
Football

- Quarterbacked Tulane's football team from 1976-1979 and rewrote virtually every passing and total offense record in school history
- Honored six times as Southeastern Back of the Week
- Named All-South Independent first team QB and AP Honorable Mention All America

Elected to the Hall of Fame in 1986

EDDIE CHAMPAGNE
Football

- Lettered in track and football and was All-New Orleans Prep and All-State in football at Fortier/S. Warren High School
- Named second team All-SEC, UPI third team All-American, and AP honorable mention All-American in 1946
- Started for the 1948 and 1949 Los Angeles Rams Western Division championship teams
- Played for Calgary in the Canadian Football League

Elected to the Hall of Fame in 1992

DON "SLICK" WATTS
Basketball

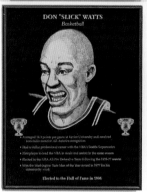

- Averaged 16.3 points per game at Xavier University and received honorable mention All-America recognition
- Had a stellar professional career with the NBA's Seattle Supersonics
- First player to lead the NBA in steals and assists in the same season
- Elected to the NBA All-Pro Defensive Team following the 1975-76 season
- Won the Washington State Man of the Year award in 1979 for his community work

Elected to the Hall of Fame in 1996

WILLIAM R. "BILL" MARTINEZ
Football

- Four-sport letterman at Warren Easton High School, playing both offense and defense in football
- As a senior Martinez was All-State as a member of an undefeated football team and won the state discus championship
- Won numerous AAU swimming medals
- Two-sport letterman at Loyola University

Elected to the Hall of Fame in 1988

LE PANTHÉON DU SUGAR BOWL

La riche histoire sportive de La Nouvelle-Orléans

1500 Sugar Bowl Drive
Tél. : 504-828-2440
www.allstatesugarbowl.org
Horaires d'ouverture variables
Accès : Loyola-UPT tramway

Bien que des dizaines de milliers de fans de football se pressent chaque année au stade Allstate Sugar Bowl, peu de visiteurs connaissent le panthéon qu'il renferme : située dans le Mercedes-Benz Superdome (à la porte G, au niveau des loges, derrière les escalators), cette curiosité mérite assurément un détour.

On y découvre en effet, sur des gravures au laser et sur un écran géant, les noms et les prouesses de ceux qui ont contribué à la riche histoire sportive de La Nouvelle-Orléans.

Créée en 1957 et parrainée par le Sugar Bowl depuis 1970, une commission d'experts désigne ceux qu'elle juge dignes de représenter la pratique sportive locale.

Pour que leur candidature soit acceptée, les impétrants doivent être originaires de La Nouvelle-Orléans et avoir réalisé des prouesses sportives, ou, s'ils sont étrangers à la ville, s'être distingués dans le sport local.

La liste des élus comprend des stars du baseball, de la boxe, de la voile, du tennis, du golf, du basket-ball, de l'athlétisme, et surtout du football. En outre, ce « panthéon » inclut d'autres acteurs du monde sportif, notamment des entraîneurs et des journalistes sportifs.

Parmi les athlètes des deux sexes, on note les noms des joueurs de baseball Mel Ott, Rusty Staub, Mel Parnell, George Strickland et Will Clark, du boxeur Willie Pastrano, de la joueuse de tennis Linda Tuero, et des stars du football américain Archie Manning, Rickey Jackson, Steve Van Buren et Hank Lauricella.

On remarque également la présence des entraîneurs Eddie Robinson et Clark Shaughnessy, ainsi que de l'immortelle icône du basket-ball Pete Maravich.

STATUE *MOLLY MARINE*

La première statue d'une femme en uniforme militaire

Au coin de Canal Street et de Elk Place
Accès : Tramway Canal Street

MOLLY MARINE
NOVEMBER 10, 1943
"FREE A MARINE TO FIGHT"
REDEDICATED JULY 1, 1966 IN HONOR OF
WOMEN MARINES WHO SERVE THEIR COUNTRY

Tout près de Canal Street se dresse la première statue représentant une Américaine portant l'uniforme du célèbre corps des *Marines*. Nommée *Molly Marine*, elle rappelle que c'est au cours de la Seconde Guerre mondiale que les *Marines* commencèrent à se doter de réservistes féminines, afin de permettre à un plus grand nombre d'hommes de prendre part aux combats (comme le confirme le slogan des recruteurs de l'époque, « *Free a Marine to Fight* », inscrit sur le piédestal de la statue).

Molly Marine, œuvre du sculpteur local Enrique Alférez, a été inaugurée le 10 novembre 1943, à l'occasion du 168ᵉ anniversaire du *Marine Corps*.

En raison des restrictions imposées par l'effort de guerre, elle ne fut pas réalisée en bronze, mais dans un aggloméré d'éclats de marbre et de granit. Ce matériau, relativement fragile, a nécessité deux restaurations depuis 1943.

Ce fut la Marine Judy Mosgrove, originaire de La Nouvelle-Orléans, qui servit de modèle à Alférez pour réaliser *Molly Marine*.

Devenue depuis un véritable symbole du corps des *Marines*, la statue de Canal Street a été dupliquée par moulage en 1999 : ses répliques en bronze se dressent de nos jours dans les camps d'entraînement de Parris Island en Caroline du Sud, et de Quantico en Virginie.

À l'issue de leur période de formation, les nouvelles recrues du corps des *Marines* se rassemblent par pelotons au pied de la statue pour élire, parmi leurs camarades, celui qui a le mieux représenté les valeurs des *Marines*. À l'issue de cette cérémonie, traditionnellement organisée un mercredi, le lauréat de chaque peloton reçoit alors un prix, le *Molly Marine Award*.

LE PIANO DE BASILE BARÈS

Le premier esclave à déposer un copyright *pour une composition musicale*

130 Roosevelt Way
Tél. : 504-648-1200
www.therooseveltneworleans.com
Accès : Tramways Canal Street et St. Charles

Le luxueux lobby de l'hôtel Roosevelt abrite un magnifique piano à queue datant du XIXe siècle, qui appartenait jadis à Basile Barès, l'une des figures emblématiques de la musique de La Nouvelle-Orléans.

Construit par la maison française Gaveau, l'une des plus renommées au XIXe siècle, cet instrument se distingue par la finesse de sa décoration – notamment celle de son lutrin.

Bien que La Nouvelle-Orléans ait, pendant près de deux siècles, rendu célèbres de nombreux pianistes virtuoses (tels que Fats Domino, Allen Toussaint, Professor Longhair, James Booker, Dr. John, Harry Connick Jr., ainsi que Louis Moreau Gottschalk, compositeur classique du XIXe siècle, auteur de *Bamboula*), le nom de Basile Barès demeure méconnu du grand public.

Fils d'un propriétaire terrien de La Nouvelle-Orléans, Barès est né esclave en 1845. Sa mère étant elle-même esclave dans la maison d'Adolphe Perier, qui possédait un grand magasin spécialisé dans la musique sur Royal Street (dans le Vieux carré français), Barès développa très jeune une véritable passion pour le piano. Ainsi, en 1860, il devint le premier Afro-Américain, et le premier esclave, à déposer un *copyright* pour une composition musicale, intitulée *Grande Polka des Chasseurs à pied de la Louisiane*.

En outre, Basile devint représentant de la maison Perier à Paris. Lorsqu'il se produisit à l'Exposition universelle de Paris en 1867, il reçut d'élogieuses critiques, et fut même qualifié de « génie musical ».

Les historiens de la musique ont souligné l'influence de son œuvre dans les travaux de nombre de compositeurs, devenus plus célèbres que lui (notamment Scott Joplin et Jelly Roll Morton). Certains affirment également que les rythmes d'un des morceaux inédits de Basile Barès, *Los Campanillas*, ont été copiés par W.C. Handy dans son *St. Louis Blues*.

Basile Barès disparut en 1902.

LA « PENDULE MYSTÉRIEUSE »
DE L'HÔTEL THE ROOSEVELT

La plus grande pendule de ce type jamais fabriquée

130 Roosevelt Way
Tél. : 504-648-1200 - www.therooseveltneworleans.com
Accès : Tramway Canal Street

En pénétrant dans le hall de l'hôtel The Roosevelt, une extraordinaire horloge pendulaire, haute de plus de 3 mètres, attire le regard : juchée sur un piédestal en onyx d'Algérie, une statue féminine en bronze brandit un sceptre doré, pourvu dans sa partie inférieure d'un globe d'argent qui constitue le balancier de la pendule.

Bien que les halls de tous les établissements de la chaîne hôtelière Waldorf Astoria (à laquelle appartient The Roosevelt) soient traditionnellement pourvus d'horloges spectaculaires, cette œuvre, appelée de nos jours *Mystery Lady Timepiece* (voir l'encadré ci-dessous), mérite une attention particulière.

Elle se distingue notamment par son système de balancier qui, au lieu de se déplacer latéralement en émettant un tic-tac régulier, tourne silencieusement à l'extrémité du sceptre, constituant ce que l'on nomme un « balancier conique ». Cette merveille technologique, la plus grande de ce type jamais construite, est l'œuvre du célèbre horloger parisien Eugène Farcot (1830-1896).

Présentée lors des Expositions universelles de Paris en 1867 et 1878, cette pendule est mue par la main d'une statue réalisée par le sculpteur Albert-Ernest Carrier de Belleuse (1824-1887), l'un des maîtres d'Auguste Rodin. Carrier de Belleuse fut l'un des artistes les plus prolifiques du XIXe siècle, et connut ses plus grands succès sous le Second Empire, bénéficiant du soutien personnel de Napoléon III. En 1873, il prit part au chantier de l'Opéra de Paris dirigé par Charles Garnier, et réalisa les deux torchères monumentales qui flanquent le grand escalier du hall principal, ainsi que les cariatides de la cheminée du grand foyer.

Les horloges de ce type sont appelées « pendules mystérieuses » (« *mystery clocks* »), car leur mécanisme est entièrement dissimulé aux regards.

BORNE DE LA JEFFERSON HIGHWAY

De la création à l'abandon en deux décennies

Intersection de St. Charles Avenue et de Common Street
Accès : Tramway St. Charles

À l'intersection de St. Charles Avenue et de Common Street, en plein cœur du quartier d'affaires le plus fréquenté de la ville, se dresse un obélisque en granite de Géorgie mesurant 1,80 mètre de hauteur. En dépit de sa taille et de son emplacement, ce monument demeure largement méconnu : peu savent qu'il a été édifié en 1917, pour signaler ce qui constituait alors le point final de la Jefferson Highway, construite à partir de 1910.

En regardant l'obélisque de plus près, on constate en effet qu'une plaque commémorative indique « la fin de Jefferson Highway, de Winnipeg à La Nouvelle-Orléans ». Cette borne, offerte à la ville par la société des Filles de la Révolution américaine en 1917, a été inaugurée par le maire de La Nouvelle-Orléans, Martin Behrman, et le gouverneur de Louisiane, Ruffin Pleasant.

La Jefferson Highway constituait alors une importante voie de circulation du nord au sud des États-Unis, et faisait pendant à la célèbre Lincoln Highway, qui reliait l'est à l'ouest du pays.

Selon les sources disponibles, le premier voyage transcontinental en automobile date de 1903 : on avait alors atteint New York depuis San Francisco. C'est donc dans le même esprit que la Jefferson Highway fut créée, sept ans après cet exploit. Cependant, elle souffrit rapidement de la concurrence d'autres routes, plus commodes et mieux aménagées : à la fin des années 1920, soit deux décennies à peine après son inauguration, elle avait été supplantée par d'autres itinéraires, que les progrès rapides de la technologie avaient rendus plus séduisants.

Pourtant, la Jefferson Highway, surnommée à l'époque « *The Palms to Pine Highway* », n'a pas complètement disparu : quelques sections de l'ancienne route existent encore, notamment dans la paroisse de Jefferson, entre Shrewsbury Road et Kenner.

La « route fédérale », ancêtre de l'actuel système Interstate, était censée traverser plusieurs cités importantes, telles que La Nouvelle-Orléans, Shreveport, Joplin, Kansas City, Des Moines et Minneapolis, et se terminait à Winnipeg, au Canada. Son tracé, long de plus de 3 800 kilomètres, passait par 289 villes en tout.

L'ANCIEN SIÈGE DE LA UNITED FRUIT COMPANY

L'une des sociétés les plus puissantes et les plus sulfureuses de l'histoire des États-Unis

321 St. Charles Avenue
St. Charles Avenue streetcar

Au 321 St. Charles Avenue, une porte apparaît décorée de deux cornes d'abondance débordant de fruits, surmontées d'un panier rempli lui aussi. L'inscription qui domine ces gravures, « United Fruit 1920 », rappelle que ce bâtiment fut le siège d'une puissante société, à la réputation sulfureuse. Le bâtiment abrite de nos jours un bureau d'épargne et de prêts, qui n'a aucun rapport avec la United Fruit Company. La société United Fruit, créée en 1899 à Boston, a vu son siège social s'établir à La Nouvelle-Orléans sous l'impulsion de Samuel Zemurray (1877-1961), un redoutable homme d'affaires originaire d'Europe de l'Est : né sous le nom de Schmuel Zmurri dans l'actuelle Moldavie, Zemurray a construit son empire sur le commerce des bananes (il fut d'ailleurs connu sous le surnom de « *Sam the Banana Man* »).

Il vendit l'entreprise qu'il avait créée, la Cuyamel Fruit Company à son

principal concurrent, la United Fruit Company, en 1930. Puis, suite à la Grande Dépression, il la racheta et en déplaça le siège social à La Nouvelle-Orléans. Les activités de la United Fruit Company se diversifièrent alors, grâce à la puissance financière de la société, qui lui permit de corrompre les gouvernements de plusieurs pays d'Amérique centrale. L'entreprise n'a cessé ensuite d'être dénoncée pour ses agissements, notamment par les écrivains latino-américains Gabriel García Márquez et Pablo Neruda. La United Fruit Company fut surnommée « *el Pulpo* » (« le Poulpe »), car Zemurray organisa personnellement plus d'un coup d'État, notamment au Honduras en 1910, où un putsch fut mis en œuvre par Guy « *Machine Gun* » (« mitraillette ») Molony, un ancien chef de la police de La Nouvelle-Orléans. À sa décharge, Sam Zemurray fut également un philanthrope, qui soutint à la fois l'université de Tulane, le président Roosevelt, et le magazine libéral *The Nation*.

Zemurray et l'Exodus 1947

Zemurray, juif non pratiquant, a rencontré Chaim Weizmann dans les années 1920 et a soutenu financièrement la cause de l'État d'Israël. Ses largesses auraient notamment permis d'acquérir l'*Exodus 1947*, un navire battant pavillon panaméen. Bien que l'*Exodus 1947*, refoulé par les Britanniques, n'ait pu débarquer en Palestine les 4 500 réfugiés qu'il transportait, le récit de son odyssée a contribué à renforcer la cause sioniste à l'échelle mondiale. De plus, entre 1946 et 1948, Zemurray aurait financé l'installation dans le jeune État d'Israël de quelque 37 000 juifs d'Europe. Sur St. Charles Avenue, un autre monument évoque le souvenir de la United Fruit Company : le magnifique manoir à colonnes blanches qu'occupe désormais le président de l'université de Tulane fut jadis le domicile de Sam Zemurray.

L'expression « république bananière »

L'expression « république bananière » apparut pour la première fois dans une nouvelle de O. Henry (de son vrai nom William Sydney Porter) : l'écrivain, poursuivi pour un détournement de fonds commis au Texas, l'a rédigée durant un bref séjour à La Nouvelle-Orléans. Il s'est ensuite enfui au Honduras, à bord de l'un des cargos bananiers de Sam Zemurray.

MUSÉE DE LA RÉSERVE FÉDÉRALE ㉖

Les origines de la monnaie en Louisiane

Museum of Trade, Finance and the Fed
525 St. Charles Avenue
Tél. : 504-593-5857
www.frbatlanta.org/about/tours/nola/museum.aspx
Ouvert du lundi au vendredi de 9 h à 16 h
Accès : Tramway St. Charle

Situé dans le bâtiment de la Réserve fédérale, le Museum of Trade, Finance and the Fed (abréviation de « *Federal Reserve System* ») est consacré à la monnaie, à ses usages et à son histoire à La Nouvelle-Orléans.

Avant d'accéder à l'exposition, les visiteurs reçoivent un sac en plastique contenant des billets de banque déchiquetés : ce petit symbole rappelle que l'un des rôles de la Federal Reserve Bank est de retirer de la circulation les coupures en mauvais état.La visite commence par un documentaire sur l'histoire de la monnaie, du troc à l'invention du concept de banque nationale aux Pays-Bas au XVIIᵉ siècle, en passant par la frappe des premières pièces en Lydie (Asie Mineure).

L'étape suivante est plus ludique : un écran tactile permet aux visiteurs de créer leur propre monnaie, en y incluant leur portrait. L'image peut ensuite être envoyée par courrier électronique.

Dans la même salle, de brèves biographies de personnages locaux témoignent de l'importance de La Nouvelle-Orléans dans les systèmes bancaires et financiers du pays. On découvre ensuite une petite vitrine contenant des monnaies authentiques, notamment le *real* espagnol en argent et la *three-cent piece* des États-Unis (aussi appelée *trime*).

La salle contient également une grande reproduction d'un billet de 10 dollars (surnommé *dixie*) émis par la Banque des Citoyens de la Louisiane, et un documentaire présente les moyens de paiement qui se

sont succédé dans la région, notamment la fourrure, l'argent espagnol, les cartes à jouer françaises (qui furent brièvement utilisées en guise de billets), et les billets de la Réserve fédérale, toujours en usage.

Enfin, deux écrans tactiles offrent davantage d'informations sur l'histoire de la Réserve fédérale, et permettent au visiteur d'évaluer ses connaissances fraîchement acquises.

> Depuis Lafayette Square, de l'autre côté de St. Charles Avenue, le buste du politicien Henry Clay (1777-1852) semble scruter le bâtiment de la Réserve fédérale… Pour savourer l'ironie de ce vis-à-vis, il faut se souvenir que Clay, lorsqu'il était sénateur, s'était d'abord opposé à la création d'une banque centrale aux États-Unis. Il a cependant fini par changer d'avis, devenant l'un des partisans les plus convaincus de la Second Bank of the United States (1816-1836), un organisme qui fut l'un des précurseurs de l'actuelle Réserve fédérale.

PIAZZA D'ITALIA

L'un des joyaux architecturaux méconnus d'Amérique

Lafayette Street
www.americanitalianculturalcenter.com
Accès : Tramway St. Charles ou bus 11 Magazine Street

Dominée par les gratte-ciel du quartier d'affaires de La Nouvelle-Orléans, la Piazza d'Italia constitue un petit chef-d'œuvre artistique méconnu. Cette placette tranquille et abandonnée, contrastant avec la frénésie qui anime les rues environnantes, a tout pour surprendre.

La Piazza d'Italia est constituée d'une fontaine publique reproduisant la forme de la péninsule italienne, entourée de colonnades disposées en hémicycles, d'un clocher, d'un campanile et d'un temple romain. L'ensemble, mettant en œuvre des matériaux variés (ardoise, pierre de taille et acier inoxydable), est éclairé par des néons. Bien que le spectacle y soit saisissant, la Piazza d'Italia n'est guère fréquentée : outre les rares visiteurs qui ne font qu'y passer, elle sert généralement de refuge aux sans-abris du quartier, qui viennent y chercher quiétude et tranquillité.

Nombre d'habitants de La Nouvelle-Orléans ignorent jusqu'à son existence, et ce n'est que par hasard qu'ils la découvrent, en s'aventurant au-delà de l'intersection de Lafayette Street et de Commerce Street.

À l'origine, la vocation de cet espace était de rendre hommage à la communauté italo-américaine, qui a largement contribué au développement de la cité. La Piazza d'Italia a été conçue et réalisée en 1978 par l'architecte postmoderne Charles Moore, ancien doyen de l'école d'architecture de Yale (son visage est d'ailleurs représenté sur la Piazza).

Toutefois, en dépit des critiques élogieuses dont elle avait fait l'objet avant même d'être achevée, la place n'a pas suscité l'intérêt de la population, et s'est dégradée très rapidement. De nombreux facteurs expliquent cet échec, notamment une mauvaise conjoncture économique, et son emplacement peu favorable : littéralement étouffée par les gratte-ciel environnants, la Piazza d'Ita-

lia est dissimulée aux regards, et n'a jamais attiré les foules. Ainsi, neuf ans à peine après sa construction, était-elle déjà qualifiée de « première ruine postmoderne ».

Bien qu'elle ait été restaurée récemment, la place s'est à nouveau dégradée. Toutefois, en dépit de son piteux état, elle constitue indéniablement l'un des joyaux architecturaux les moins connus d'Amérique et mérite, à ce titre, d'être redécouverte.

AMERICAN ITALIAN MUSEUM

Le Vieux carré français était essentiellement une enclave italienne

537 South Peters Street
Tél. : 504-522-7294
www.americanitalianculturalcenter.com
Ouvert du mardi au vendredi de 10 h à 16 h
Accès : bus 10, Tchoupitoulas

On ignore généralement que, à l'instar des Français, des Espagnols et des Afro-Américains, les Italiens ont été nombreux à s'installer à La Nouvelle-Orléans. Ainsi, au début du XXᵉ siècle, le Vieux carré français constituait-il une véritable enclave italienne.

Situé dans le Historic Commercial District, l'American Italian Museum propose à ses visiteurs un long voyage jusqu'en Sicile, d'où émigrèrent la plupart des Italo-Américains au cours des années 1880.

Fuyant la crise économique qui touchait alors l'Italie méridionale, les habitants de Palerme furent nombreux à choisir La Nouvelle-Orléans, dont le climat était similaire à celui de leur région d'origine. De plus, comme la Sicile, le sud de la Louisiane était réputé pour sa production d'agrumes, ce qui permettait aux immigrés de mettre en œuvre leurs compétences dans les plantations locales.

Une carte de la Sicile, exposée dans le musée, rappelle aussi que la plupart des Siciliens ont changé d'identité en pénétrant aux États-Unis : plutôt que de transcrire des patronymes étrangers, les agents de la douane américaine préféraient alors remplacer les noms de famille des immigrants par le toponyme mentionné sur leurs papiers d'identité… Ainsi, beaucoup d'entre eux ont-ils changé de nom en commençant leur nouvelle vie.

Dès le début de cette vague migratoire, nombre d'associations se sont constituées pour prodiguer aux Italiens un système d'assurance, un accès aux soins médicaux, ainsi que d'autres services qui, autrement, leur seraient demeurés inaccessibles. Beaucoup d'entre elles existent encore de nos jours, et c'est à leur initiative que l'American Italian Cultural Center, hébergé par le musée, a été créé.

Le musée évoque également les efforts consentis par les Italiens pour s'adapter à la culture américaine, l'importance de la famille dans cette communauté, ses apports en matière de gastronomie, ainsi que dans le domaine religieux : on y découvre ainsi une très belle reconstruction d'un autel de Saint-Joseph, une tradition importée de Sicile.

Par ailleurs, un mur rappelle la fameuse affaire criminelle *Who Killa da Chief ?* (« Qui a tué le chef ? ») : en 1890, le chef de la police de la ville David Hennessy a été assassiné et, bien que le coupable n'ait jamais été identifié, la communauté italienne a servi de bouc émissaire à une foule déchaînée : nombre d'Italiens ont alors été lynchés, et l'incident diplomatique avec l'Italie n'a été évité que lorsque le gouvernement américain a accepté d'indemniser les familles des victimes.

L'American Italian Cultural Center connaît un vif succès parmi les descendants de ces immigrants : il organise notamment des conférences, des projections de films, et propose des cours d'italien.

LA FRESQUE D'ALBRIZIO À L'UNION PASSENGER TERMINAL

Quatre siècles de l'histoire de la Louisiane

1001 Loyola Avenue
Tél. : 504-528-1612 - www.amtrak.com
Ouvert de 5 h à 22 h
Accès : Tramway Loyola-UPT

Surplombant la vaste salle d'attente de l'Union Passenger Terminal, une gigantesque fresque colorée a été réalisée par Conrad Albrizio dans l'esprit des grands muralistes mexicains du XXe siècle. L'œuvre est divisée en quatre panneaux mesurant 18 mètres de longueur sur 2,50 mètres de hauteur, figurant quatre étapes du développement de La Nouvelle-Orléans : l'exploration, la colonisation, le conflit et l'époque moderne. Ces tableaux furent achevés en 1954, et dévoilés la même année lors de l'inauguration de l'Union Passenger Terminal.

Les fresques, qui occupent une surface d'environ 200 mètres carrés, mêlent différents styles (notamment l'impressionnisme et le cubisme), et présentent une large gamme de couleurs, allant des plus vives aux plus fades, afin de mieux évoquer la richesse de l'histoire de la ville.

Albrizio a séjourné au Mexique dans les années 1950, où il a étudié la technique de la mosaïque. Cette influence est perceptible autant dans l'exécution des panneaux que dans le choix des thèmes (sociaux et politiques) choisis pour dépeindre quatre siècles de l'histoire locale.

Natif de New York, Albrizio (1894-1973) s'est installé en Louisiane pour travailler sur le Capitole de l'État de Louisiane, célèbre gratte-ciel de style Art déco édifié à Bâton-Rouge à l'initiative de Huey Long. Par ailleurs, il a longtemps été professeur d'art à la Louisiana State University, et a laissé un nombre important de ses créations en Louisiane et en Alabama.

Il fut une époque où chaque habitant de la ville connaissait cette œuvre monumentale. Cependant, depuis que les voyages en train et en autocar sont devenus rares, ces fresques sont rapidement tombées dans l'oubli, et peu nombreux sont ceux qui, de nos jours, ont conservé le souvenir de leur existence.

Elles ont récemment été restaurées par la New Orleans Building Corporation, afin de préserver, pour les générations futures, ce véritable trésor artistique de La Nouvelle-Orléans.

SCULPTURE *EMBRACING THE DREAM*

*Une sculpture abstraite en hommage
à Martin Luther King Jr.*

*Intersection de Oretha Castle Haley Boulevard et de Martin Luther King Jr.
Boulevard*
Accès : Bus 15, Freret

Dans Central City, deux boulevards portent les noms de célèbres militants de la cause des droits civiques des Afro-Américains : Oretha Castle Haley (1939-1987) et Martin Luther King Jr. (1929-1968). C'est à leur intersection que Frank Hayden, professeur à la Southern University (la plus grande université noire du monde), a décidé d'ériger un monument commémoratif.

À première vue, il n'est pas aisé de distinguer le sujet de cette œuvre contemporaine : au lieu d'une statue conventionnelle, l'artiste a réalisé ce qui ressemble à un œuf de couleur verte, pourvu de bras et de mains. Aussi, lorsqu'elle fut dévoilée, cette sculpture a-t-elle reçu un accueil très mitigé de la part du public et des critiques.

Selon Hayden, son travail, intitulé *Embracing the Dream* (« *Étreindre le Rêve* »), est censé représenter la vie et la croissance, desquelles émergent des bras tendus symbolisant la fraternité. En outre, il a déposé à l'intérieur de l'œuf certains passages des discours de Martin Luther King Jr., et a matérialisé l'impact d'une balle, évoquant l'assassinat du pasteur, le 4 avril 1968.

L'emplacement choisi pour ce monument rappelle également le passé de ce que l'on appelait jadis Dryades Street, une artère particulièrement active dans laquelle prospéraient plus de 200 entreprises juives et afro-américaines.

De plus, c'est à Central City que Martin Luther King Jr. a créé la Southern Christian Leadership Conference (SCLC, « Conférence des dirigeants chrétiens du Sud »), qu'il a présidée jusqu'à sa mort. Chaque année, une parade dédiée à sa mémoire traverse ce quartier, qui demeure majoritairement peuplé d'Afro-Américains.

Bien que ce secteur de la ville ait longtemps été laissé à l'abandon, les environs de Oretha Castle Haley Boulevard (qui porte le nom d'une étudiante locale, impliquée dans la lutte pour les droits civiques) ont fait l'objet d'une récente réhabilitation.

Ainsi le Southern Food and Beverage Museum s'y est-il récemment installé, de même que le New Orleans Jazz Orchestra, une institution destinée au divertissement et à l'éducation de la population locale.

Oretha Castle Haley Boulevard a également reçu l'accréditation du National Main Street Program, et a été inscrit sur le National Register of Historic Districts.

CITY WATCH

Cinq « hommes-lapins » surveillant la ville

1228 Oretha Castle Haley Boulevard
Accès : Bus 28, Martin Luther King

En descendant Oretha Castle Haley Boulevard, on ne s'attend guère à apercevoir, juchées au faîte d'un bâtiment, cinq statues représentant des hommes déguisés en lapins, qui semblent surveiller le trafic en contrebas : cette œuvre étonnante, intitulée *City Watch*, a été créée par l'artiste local Alex Podesta.

Selon Podesta, ces « hommes-lapins » (*bunnymen*) constituent un hommage aux *Bourgeois de Calais* de Rodin (1895). Désireux d'associer sa personnalité à sa création, l'artiste a moulé son propre visage et a ainsi donné ses traits à ces cinq personnages. Selon lui, *City Watch* est censée inspirer la réflexion par le biais de l'autodérision.

Originaire de Caroline du Nord, Podesta a obtenu sa maîtrise en sculpture (*Master of Fine Arts in Sculpture* - MFA) à l'université de La Nouvelle-Orléans. Sa passion pour le thème du lapin, qu'il utilise dans son œuvre de manière récurrente, lui viendrait de la ferme dans laquelle il a grandi.

C'est également pendant son enfance qu'il aurait développé ses compétences artistiques, grâce à un environnement familial particulièrement propice : son grand-père avait travaillé avec le célèbre cinéaste Luis Buñuel et sa grand-mère, également artiste, avec Diego Rivera.

Il existe d'autres « hommes-lapins » réalisés par Podesta (chacun lui demande de 200 à 300 heures de travail) : certains sont couchés dans le hall du Saratoga Building, sur Loyola Avenue, et d'autres ont été exposés, à demi submergés, dans la Grand River, dans l'État du Michigan.

À l'origine, l'œuvre *City Watch* était destinée au Bayou Saint-Jean, mais les tracasseries administratives ont eu raison de ce projet : après un passage par le Falstaff Building, les *bunnymen* ont été installés en 2008 à l'emplacement qu'ils occupent aujourd'hui.

K&B PLAZA

Une des plus importantes collections d'art moderne et contemporain

1055 St. Charles Avenue
Tél. : 504-586-2011
Ouvert du lundi au vendredi de 8 h à 16 h
Accès : Tramway St. Charles

Au pied de l'immeuble K & B, une placette méconnue mérite une visite : ce petit espace recèle 10 sculptures exceptionnelles, avec au centre une fontaine en granit réalisée en 1962 par Isamu Noguchi, nommée *Le Mississipi*.

Il ne s'agit là, cependant, que d'une petite partie de la collection de sculptures réunies par Sydney et Walda Besthoff, dont la majorité est exposée au Sydney and Walda Besthoff Sculpture Garden, qui jouxte le New Orleans Museum of Art.

Sydney Besthoff, qui fut longtemps PDG de la chaîne locale de pharmacies K & B (fondée par son grand-père en 1905), a également exprimé sa passion pour l'art dans l'immeuble qui abrita le siège de sa société : le hall d'entrée et le premier étage constituent ainsi de véritables petits musées.

La collection de Sydney et Walda Besthoff est, à juste titre, considérée comme l'une des plus importantes dans le domaine de l'art moderne et contemporain, car son éclectisme offre un aperçu des œuvres les plus remarquables en matière de peinture, de sculpture, de design et de photographie.

De plus, les Besthoff se sont particulièrement intéressés aux œuvres du mouvement photoréaliste, un genre d'art qui inclut notamment la peinture, le dessin et la sculpture : les artistes se réclamant de cette école utilisent les photographies comme modèles et les transposent le plus fidèlement possible sur d'autres supports. La naissance du photoréalisme, dans les années 1970, coïncide d'ailleurs avec les débuts de la collection Besthoff, qui comprend des œuvres des pionniers du genre, tels que Richard Estes, Ralph Goings et Audrey Flack (ainsi que des productions d'artistes plus contemporains, dont Rod Penner et Davis Cone).

La fondation créée par le couple Besthoff s'est également assigné la mission de promouvoir les artistes de La Nouvelle-Orléans : parmi ceux-ci, Robert Gordy, George Dureau, Ida Kohlmeyer et Alan Gerson sont particulièrement bien représentés au sein de la célèbre collection.

C'est en 1972 que Sydney Besthoff acheta l'immeuble qui devint le siège de sa société : construit dix ans plus tôt par Skidmore, Owings and Merrill pour le compte de la John Hancock Insurance Company, il avait obtenu des prix de design, et comportait déjà la fontaine de Noguchi.

Lorsque le Greater New Orleans Bridge a été élargi, le gouvernement a envisagé de détruire le bâtiment de la K & B, jugé trop proche de l'interstate. La société de Besthoff a cependant réussi à sauver son siège social, en dressant des parois permettant aux automobilistes de ne pas être éblouis par les lumières de l'immeuble.

BIBLIOTHÈQUE PATRICK F. TAYLOR

Une des plus belles salles de La Nouvelle-Orléans

Ogden Museum of Southern Art
925 Camp Street
Tél. : 504-539-9650 - www.ogdenmuseum.org
Ouvert tous les jours de 10 h à 17 h, sauf le jeudi de 10 h à 20 h
Accès : Tramway St. Charles

Méconnue du plus grand nombre, la bibliothèque Patrick F. Taylor a été aménagée de manière somptueuse. À l'origine, cette salle de lecture faisait partie de la bibliothèque Charles T. Howard, inaugurée en 1889. Fermée au public depuis 1939, elle a été récemment restaurée, et a retrouvé sa splendeur d'antan.

Ce vaste espace circulaire, haut de 12 mètres et large d'autant, est doté d'une massive cheminée en maçonnerie. À mi-hauteur, 17 blochets de chêne, ornés à leurs extrémités de têtes de loups stylisées, convergent vers le centre de la salle. Vue du sol, la charpente apparente faite de poutres cintrées se superpose à ces blochets, formant un motif complexe.

L'extérieur du bâtiment, réalisé d'après un dessin de Henry Hobson Richardson (1838-1886), n'a pas de parallèle dans l'architecture locale. Natif de La Nouvelle-Orléans, Richardson est considéré comme l'un des trois plus grands architectes américains (les deux autres étant Louis Sullivan et Frank Lloyd Wright).

Quittant La Nouvelle-Orléans au début de la guerre de Sécession, Richardson étudia à Harvard, puis à l'École des Beaux-Arts de Paris. De retour aux États-Unis, il y a conçu nombre de monuments, notamment la Trinity Church de Boston, que le périodique *American Architecture and Builders Magazine* désigna en 1885 comme « l'édifice le plus remarquable des États-Unis ».

Son style, connu sous le nom de « style roman richardsonien », s'inspire des caractéristiques de l'architecture romane française, espagnole et italienne des XIe et XIIe siècles. L'utilisation de briques et de grès du Massachusetts est typique de Richardson, et la bibliothèque Patrick F. Taylor constitue le seul exemple de ce style dans le sud des États-Unis.

Ce bâtiment unique, qui fait désormais partie de l'Ogden Museum of Southern Art, est un legs du magnat du pétrole Patrick F. Taylor (1937-2004). Quant au principal fonds du musée, il fut offert par le promoteur immobilier Roger Ogden à la University of New Orleans Foundation. L'institution possède désormais la collection la plus importante en matière d'art du sud des États-Unis. Elle fut aussi le premier musée de Louisiane à s'affilier à la Smithsonian Institution.

La bibliothèque peut être louée pour y organiser divers événements mondains, notamment des mariages et des collectes de fonds. Reliée au musée par un tunnel, elle n'est pas ouverte au public de façon permanente.

MUSÉE COMMÉMORATIF DES CONFÉDÉRÉS

Le plus ancien musée de Louisiane

929 Camp Street
Tél. : 504-523-4522
www.confederatemuseum.com
Ouvert du mardi au samedi de 10 h à 16 h
Accès : Tramway St. Charles

Sur Camp Street, un bâtiment de style roman richardsonien se distingue par un impressionnant canon installé sur une terrasse : il abrite le Confederate Memorial Hall Museum (« musée commémoratif des Confédérés »), dédié à la guerre de Sécession (1861-1865).

À l'intérieur de ce petit musée, le visiteur découvre un espace chaleureux aux poutres apparentes, lambrissé de bois de cyprès et ponctué de vitrines rassemblant de précieux souvenirs de ce conflit, qui demeure le plus sanglant de l'histoire des États-Unis. Une grande partie des objets exposés a été offerte au musée par les familles des soldats, ce qui confère à cette collection un caractère particulièrement émouvant. Elle est également l'une des deux plus riches du pays, derrière celle de l'American Civil War Museum de Richmond (Virginie). Dans le musée de Camp Street, rien ne manque en effet pour évoquer le quotidien des soldats de la Confédération : uniformes, épées, pistolets et fusils y côtoient les effets personnels, notamment les pipes, les bibles, les journaux intimes, les bottes, les photographies, les écritoires, les lettres, et même un jeu d'échecs en bois. Nombre de ces objets ont appartenu aux plus célèbres des confédérés, dont Robert E. Lee, Stonewall Jackson, Braxton Bragg, P.G.T. Beauregard et Jefferson Davis. Au fond de la salle, une vitrine présente les objets offerts au musée par Varina Howell Davis, veuve du président des États confédérés Jefferson Davis (1808-1889), décédé à La Nouvelle-Orléans : ses pantoufles ornées de papillons brodés, ses uniformes, son exemplaire de la *Bible* y sont exposés, ainsi qu'une lettre et des cadeaux envoyés à Davis – alors en captivité – par le pape Pie IX. On estime que près de 60 000 personnes se sont pressées pour rendre hommage à Davis, lorsque son corps a été brièvement exposé après sa mort : ce nombre impressionnant témoigne de la popularité que l'homme politique avait conservée parmi ses partisans, un quart de siècle après la fin de la guerre. Le musée rend ainsi hommage aux nombreux natifs de Louisiane qui ont pris part dans le conflit : quelque 66 000 d'entre eux y ont participé, et 15 000 y ont trouvé la mort.

Le Confederate Memorial Hall Museum, le plus ancien musée encore en activité en Louisiane, a ouvert ses portes en 1891, grâce au financement du philanthrope Frank T. Howard, dont le père, Charles T. Howard, fut un vétéran de l'armée confédérée. Sur le plan architectural, Frank T. Howard veilla à ce que le bâtiment du musée s'accordât avec la Howard Memorial Library, toute proche, qui est devenue le Ogden Museum of Southern Art.

En visitant le musée, on ne peut demeurer insensible à la dimension humaine des objets qui y sont exposés. C'est notamment le cas lorsque l'on découvre les effets de Charles Horton, victime de la bataille de Mansfield : le manche en bois de sa fourchette porte une simple inscription : « à un bon garçon ».

PORT OF NEW ORLEANS PLACE

L'une des plus belles vues du Mississipi

1350 Port of New Orleans Place
Tél. : 504-522-2551
www.portno.com
Accès : Tramway Riverfront ou bus 10, Tchoupitoulas

Bien qu'elle se trouve en plein cœur de La Nouvelle-Orléans, la statue de 10 mètres de haut intitulée *Mother River* (« Mère Rivière ») demeure largement méconnue des habitants de la ville.

La place sur laquelle elle se dresse, entre le bâtiment des autorités portuaires de La Nouvelle-Orléans et le Mississipi, est en effet masquée par l'énorme Ernest N. Morial Convention Center. Elle n'est donc visible que par ceux qui se rendent à l'administration du port et par les passagers des bateaux sillonnant le fleuve.

Outre cette grande statue en bronze, la place est ornée de mandariniers satsuma chargés de fruits, et dotée de 8 balançoires en bois (chacune pouvant accueillir 2 adultes). En y prenant place, on découvre l'une des plus belles vues du Mississipi que La Nouvelle-Orléans ait à offrir : son rivage ne se trouve qu'à une dizaine de mètres et, sur la gauche, les deux grands ponts enjambant le fleuve peuvent être admirés comme nulle part ailleurs en ville.

La statue *Mother River*, censée représenter la puissance, la beauté et l'histoire du Mississipi, s'insère particulièrement bien dans ce cadre privilégié : selon la plaque explicative fixée sur son socle, ses bras levés symbolisent la source du fleuve, et le drapé de sa robe évoque les nombreux affluents (dont l'Ohio et le Missouri) qui renforcent le Mississipi de la frontière canadienne au golfe du Mexique. Sur le socle, des bas-reliefs représentent les remorqueurs, les navires fluviaux et les hommes et femmes travaillant le long du fleuve.

Inaugurée en 2001, cette statue – survivante de l'ouragan Katrina – est l'œuvre de l'artiste Joseph Cleary et de l'architecte local Arthur O. Davis.

Après quelques années passées dans la marine marchande, Cleary a acquis la notoriété au cours de la deuxième moitié du XXe siècle, pendant laquelle il a mené de front une carrière d'artiste et une autre d'enseignant. Ses talents de dessinateur lui ont permis de travailler pour des périodiques importants, notamment le *Saturday Evening Post, Good Housekeeping, Ladies Home Journal, Boy's Life* et *Argosy*. Cleary a également réalisé de nombreux dessins publicitaires, dans lesquels sa patte est aisément reconnaissable – même par ceux qui ne connaissent pas son nom.

MUSÉE DES MAISONS DE POUPÉES ㊱

De saisissantes miniatures

2220 St. Charles Avenue
Tél. : 504-494-2220
www.houseofbroel.com
Ouvert du lundi au samedi de 11 h à 15 h
Visites sur rendez-vous uniquement
Accès : Tramway St. Charles

Parmi les belles demeures anciennes de St. Charles Avenue, la maison du numéro 2220 recèle un trésor méconnu : la majeure partie de son premier étage est consacrée à une impressionnante collection de maisons de poupées, comprenant plusieurs douzaines de miniatures réalisées par Bonnie Broel.

Les maisons exposées dans cet adorable petit musée s'inspirent de diverses cultures : tandis que certaines rappellent le style typiquement américain des lithographies éditées par Currier & Ives entre 1834 et 1907, d'autres imitent des demeures exotiques, notamment une splendide maison chinoise, meublée et décorée dans le style extrême-oriental.

La plus impressionnante est assurément le palais russe : haut de 3 mètres et large de 3,70 mètres, il a demandé cinq mois et demi de travail, et 10 ans ont été nécessaires pour réunir les clochettes qui s'y trouvent. Bonnie Broel, d'ascendance russo-polonaise, y a naturellement apporté un soin tout particulier. C'est par hasard que cette passion s'est imposée à Mme Broel : alors qu'elle participait à une collecte de fonds pour une école dans laquelle une maison de poupées était exposée, son jeune fils Clark, amateur de maquettes d'avions, lui a suggéré d'en réaliser une. Ainsi la mère et le fils se sont-ils lancés dans l'aventure, en concevant une boutique de bonbons (qui est d'ailleurs exposée dans le musée actuel).

Selon Bonnie Broel, son engouement pour les maisons miniatures a été immédiat et, après sa première réalisation, elle s'est lancée dans la construction d'une demeure de style Tudor, qui lui demanda 6 mois de travail. À présent, son petit musée comprend 12 maisons, ainsi qu'une trentaine de saynètes reproduisant minutieusement des intérieurs de styles variés.

Sur les murs du bureau de Bonnie Broel, plusieurs étiquettes encadrées témoignent du succès commercial de son père Albert qui, pendant la Grande Dépression, lança une fabrique de cuisses de grenouilles en conserve : l'American Frog Canning Company, créée sur Jefferson Highway dans la paroisse de Jefferson, a prospéré jusqu'à la Seconde Guerre mondiale. Bonnie Broel a donc très tôt recherché les représentations de grenouilles, qu'elle avait coutume d'offrir à son père. Cette collection, qui n'a cessé de croître grâce à ses propres acquisitions et aux cadeaux de ses amis, constitue désormais un hommage à la réussite d'Albert Broel.

Au deuxième étage de la maison de Bonnie Broel, un musée intimiste rassemble quelques-unes de ses créations de styliste et de couturière : on y trouve notamment les tenues qu'elle a créées pour des célébrités telles que Anne Rice et Sandra Bullock.

MUSÉE DES POMPIERS DE LA NOUVELLE-ORLÉANS

La dernière caserne de la ville à adopter des véhicules motorisés

1135 Washington Avenue
Tél. : 504-658-4713
www.nola.gov/nofd/Ouvert du lundi au vendredi de 9 h à 14 h
(sur rendez-vous uniquement)
Accès : Bus 11, Magazine Street

L'ancienne caserne de pompiers de Washington Avenue, inaugurée en 1850, fut la dernière de la ville à abandonner l'usage des véhicules hippomobiles, au profit des engins motorisés. Elle est aujourd'hui devenue un musée consacré aux différentes techniques mises en œuvre au fil du temps pour combattre les incendies à La Nouvelle-Orléans et, plus largement, aux États-Unis.

Parmi les pièces exposées figurent notamment une pompe à bras Hunneman de 1838, une machine à vapeur Ahrens de 1886, ainsi qu'un camion Ahrens-Fox MS2 de 1927, doté d'une étonnante pompe à piston, fonctionnant grâce à un réservoir d'air en forme de boule.

On y découvre également une charrette à bras dotée d'une échelle, datant de la guerre de Sécession, ainsi qu'un système d'alarme électromagnétique Gamewell de 1859.

La caserne possède aussi une belle collection de casques de pompiers du monde entier, notamment un modèle italien évoquant la *galea* d'un centurion romain, et d'autres, plus récents, qui conviendraient sans doute mieux à des super-héros qu'à des sapeurs-pompiers.

Parmi les curiosités exposées, d'anciens extincteurs, des tuyaux en bois de cyprès, des charrettes à bras datant de 1890, chargées de produits chimiques étouffant les flammes, d'anciens uniformes et divers instruments de communication témoignent des progrès accomplis dans le domaine de la lutte contre le feu.

Au premier étage, où les mâts de descente ont été conservés, des reportages filmés montrent la vie quotidienne des membres du New Orleans Fire Department (NOFD), et l'héroïsme dont ses pompiers ont fait preuve tandis que l'ouragan Katrina ravageait la ville. D'autres images ont été tournées lorsque l'on fit, pour la première fois, usage d'hélicoptères pour combattre un incendie urbain.

Le musée, ouvert en 1995, n'a jamais fermé, pas même pendant l'ouragan : au cours du drame, quelques pompiers sont restés dans l'édifice.

Hormis les visites qu'elle propose (sur rendez-vous uniquement), cette institution accueille chaque année des centaines d'écoliers. Parmi d'autres missions, elle a pour vocation de promouvoir l'éducation en matière de sécurité, de procéder au recrutement des pompiers et de se charger des relations publiques du NOFD. En outre, elle participe au défilé du Mardi gras, grâce à un camion datant de 1896, entièrement restauré : cette machine à vapeur, mue par des chevaux, a été utilisée jusqu'en 1922.

IRISH CHANNEL TINY MUSEUM

Un micromusée

2923 Constance Street
Ouvert jour et nuit sans interruption (il est cependant préférable d'éviter les visites trop tardives, le « musée » étant implanté devant une résidence privée)
Accès : Bus 11, Magazine Street

À hauteur du 2923 Constance Street, une maisonnette en bois peinte en jaune, à peine plus grande qu'une boîte aux lettres, constitue un micromusée consacré à l'histoire du quartier de l'Irish Channel (« la Manche irlandaise »), l'un des plus fameux de La Nouvelle-Orléans, en dépit de sa petite taille (il n'occupe guère que 2,1 kilomètres carrés, dont 0,9 est submergé). Derrière une petite porte fermée par une cheville de bois, plusieurs dioramas agrémentés de textes explicatifs ont été fixés sur un disque 33 tours du jazzman Dexter Gordon. En faisant tourner le disque, le visiteur découvre les principales étapes du développement de l'Irish Channel.

Le site a d'abord été peuplé d'Amérindiens. Plusieurs tribus l'occupaient déjà il y a plus de 3 000 ans, dont celle des Tchoupitoulas (les « Gens de la Rivière »).

Le petit musée présente ensuite l'installation des Européens dans ce secteur, au début du XVIIIᵉ siècle, et celle de la plantation de Jacques François Enoul de Livaudais (1735-1816), qui a largement contribué au développement économique de La Nouvelle-Orléans.

Après la mort de Livaudais, sa plantation fut vendue par petites parcelles, où s'installèrent plusieurs vagues d'immigrants à partir du milieu du XIXᵉ siècle : située au bord du Mississipi, l'Irish Channel permettait aux nouveaux arrivants, majoritairement irlandais, de se loger à moindres frais non loin de la ville et de son port, qui connaissaient alors un essor considérable.

Les Irlandais y furent rejoints par les Afro-Américains, descendants des esclaves qui travaillaient dans la plantation de Livaudais, puis par les immigrants venus d'Allemagne et d'Italie.

La présentation du Tiny Museum se clôt sur une scène de dégustation du fameux « *crawfish boil* », plat typique du sud de la Louisiane.

La « Manche » tient son nom des immigrants qui, au milieu du XIXᵉ siècle, avaient fait de La Nouvelle-Orléans la plus importante communauté irlandaise du sud de l'Amérique. Ce sont eux qui, en construisant leurs habitations sur d'étroites parcelles cédées par les plantations, conçurent la maison « *shotgun* », typique de la ville. Ils sont également à l'origine du dialecte et de l'accent local, appelés « *brogue* » ou « *yat* », que beaucoup comparent à ceux de New York (l'influence allemande, toutefois, y est également perceptible).

LA GARGOUILLE DE JACKSON AVENUE

Une main griffue brandissant une tête de méduse

709 Jackson Avenue
Accès : Bus 10, Tchoupitoulas

Au numéro 709 de Jackson Avenue, du haut d'une ancienne synagogue transformée en immeuble d'habitation, une figure hybride semble menacer les passants : accrochée à la paroi de l'une de ses mains griffues, elle brandit la tête tranchée d'une méduse. Selon le propriétaire de l'immeuble, cette effrayante représentation aurait pour vocation de repousser les vandales.

Cette sculpture est l'œuvre de l'artiste contemporain Thomas Randolph Morrison, dont la première gargouille avait été installée sur le clocher de la pension St. Vincent, sur Magazine Street, où Morrison louait un studio. Celle-ci a été détruite par un voyou en 2016, pendant la semaine du Mardi gras.

C'est à Hollywood que Morrison a appris son métier, en créant des personnages pour les studios Walt Disney. À cette époque, il a notamment collaboré avec Leo Rijn, l'un des décorateurs les plus renommés de l'industrie du cinéma. Morrison s'est ensuite lassé de la Californie et s'est installé à La Nouvelle-Orléans, où il s'est consacré à la création de décors pour le Mardi gras et à la conception de chars pour les *krewes* participant au carnaval.

Faite d'une mousse spéciale sur une armature d'acier et recouverte de fibre de verre pour lui permettre d'affronter les intempéries, la gargouille de Jackson Avenue pèse environ 7 kilos.

Les gargouilles, dont la fonction première est de permettre à l'eau de pluie de s'écouler à une certaine distance des murs, ont aussi une efficacité symbolique : repoussant le mal, elles sont en quelque sorte les gardiennes de l'édifice contre les démons et (dans le cas des cathédrales gothiques, notamment) les pécheurs.

GERMAN AMERICAN CULTURAL CENTER AND MUSEUM

*En 1860, un sixième de la population
de La Nouvelle-Orléans était allemande*

519 Huey P. Long Avenue
Gretna
Tél. : 504-363-4202
www.gacc-nola.org
Ouvert du mercredi au samedi, de 10 h à 15 h
Accès : Bus W2, Westbank Expressway

Sur la rive occidentale du Mississipi, au cœur du quartier historique de la ville de Gretna, une fresque haute de deux étages signale l'emplacement du German American Cultural Center and Museum.

Cette institution, ouverte en 1999 grâce à des subventions privées, a pour vocation de présenter l'histoire et les réalisations des immigrants allemands dans le sud de la Louisiane, dans le cadre d'expositions particulièrement soignées. On y découvre nombre de pièces anciennes remarquablement conservées, qui permettent au visiteur de mesurer la part déterminante qui fut celle des immigrants allemands dans le développement de La Nouvelle-Orléans et de sa région.

Deux autres expositions sont consacrées à l'intégration des Allemands immigrés. On y apprend que beaucoup d'entre eux ont modifié leurs patronymes afin de leur donner une consonance plus ou moins française : nombre d'habitants de La Nouvelle-Orléans découvrent ainsi que leurs racines, qu'ils croyaient françaises, sont en réalité allemandes.

Une autre partie du musée est consacrée aux difficultés traversées par la communauté d'origine germanique pendant les deux guerres mondiales.

C'est à partir du début du XVIIIᵉ siècle que les Allemands ont commencé à s'expatrier en Amérique, notamment grâce au système mis en place par le financier John Law qui, avant sa célèbre banqueroute de 1720, avait racheté la Compagnie du Mississippi.

Installés dès 1721 dans une petite localité qu'ils nommèrent « Des Allemands », des Alsaciens germanophones ont contribué à ravitailler La Nouvelle-Orléans au fur et à mesure que les immigrants allemands s'installaient en amont de la ville, sur ce que l'on appela ensuite la *German Coast* (la « Côte allemande »).

Au cours des années 1840, tant d'Allemands se réfugièrent en Louisiane qu'ils constituèrent, vingt ans plus tard, un sixième de la population de La Nouvelle-Orléans, et que le Faubourg Marigny fut surnommé *Little Saxony* (« la petite Saxe »). Peu savent que, dès 1850, la ville comptait davantage d'Allemands que de Français.

Pour rendre hommage à cette communauté souvent négligée, le Centre dispose de registres généalogiques, mis gratuitement à la disposition du public.

Enfin, le bâtiment et sa propriété accueillent diverses manifestations, tout au long de l'année : on y célèbre notamment les fameuses *Maifest* et *Oktoberfest*, qui font partie intégrante du Gretna Heritage Festival.

STATUE DE MEL OTT

« Les gens bien finissent derniers »

2301 Belle Chasse Highway, Gretna
Tél. : 504-363-1597 - www.gretnala.com
Ouvert tous les jours, de l'aube au crépuscule
Accès : Pas de transport en commun à proximité

De l'avis général, Mel Ott (1909-1958) demeure le plus grand joueur de baseball originaire de Louisiane : sa ville natale de Gretna (à 10 minutes de La Nouvelle-Orléans) lui a consacré un stade, où l'on peut admirer une statue grandeur nature de ce prodige, en bronze.

Car, loin de New York et de ses célèbres *polo grounds*, c'est à Gretna que Ott a commencé sa carrière de joueur de baseball : alors qu'il n'était âgé que de 17 ans, il y fut recruté par le manager de l'équipe des Giants de New York, John J. McGraw. Ott connut alors une brillante carrière, longue de vingt-deux ans.

Ott demeure d'ailleurs le seul joueur de La Nouvelle-Orléans à être inscrit au *Baseball Hall of Fame* de Cooperstown, dans l'État de New York.

À la fin de sa carrière, Ott devint manager de l'équipe des New York Giants. C'est à cette époque que l'une de ses citations fut incluse dans la fameuse compilation des *Bartlett's Familiar Quotations* (datant de 1855, cette publication est encore mise à jour régulièrement) : « Les gens bien finissent derniers » (« *Nice guys finish last* »).

Cette remarque, passée depuis à la postérité, concernait un match opposant les Giants aux Dodgers de Brooklyn : au cours d'une interview donnée à la presse, le capitaine des Dodgers, Leo Durocher, célèbre pour son caractère irascible, avait décrit l'équipe adverse en prenant Ott comme exemple : « Regardez là-bas, c'est Mel Ott, l'un des gars les plus gentils au monde. Mais où en est-il ? À la septième place… » Depuis lors, cette critique est demeurée célèbre dans le monde du baseball – et même au-delà.

Suite à cette pique, Ott, qui s'était toujours comporté en gentleman, regagna la Louisiane, où il mourut prématurément à l'âge de 49 ans, victime d'un accident de la circulation.

En dépit de ce camouflet, qui l'éloigna définitivement de New York, Ott n'a pas perdu la popularité qu'il avait acquise parmi les amoureux du baseball : la statue qui immortalise la fluidité de son « *homerun swing* » rappelle à chacun quel fut le talent de ce joueur d'exception. Ses résultats hors du commun lui ont conféré le statut d'une véritable icône auprès des amateurs de ce sport, partout aux États-Unis.

Downtown

① TOMBES DE CHEVAUX DE COURSE 130
② LE PANTHÉON DE FAIR GROUNDS 132
③ CHÂTEAU CRÉOLE 134
④ LE MUSÉE DE F.P.C. 136
⑤ BÂTIMENT DE LA GENERAL LAUNDRY 138
⑥ LA FILLE AU PARAPLUIE DE BANKSY 140
⑦ INSCRIPTION « HANK WAS HERE 1955 » 142
⑧ CHAPELLE SAINT-ROCH 144
⑨ LE JARDIN DE JESSICA 146

⑩	ROSALIE ALLEY	148
⑪	L'ARCHE DE LA VICTOIRE	150
⑫	COWAN MAN	152
⑬	THE MUSIC BOX VILLAGE	154
⑭	LES MAISONS DES DOULLUT	156
⑮	LA MAISON DE LA DANSE ET DES PLUMES	158
⑯	AVERTISSEMENT AUX PILLARDS APRÈS LE PASSAGE DE L'OURAGAN KATRINA	160
⑰	MUSÉE MILITAIRE ANSEL M. STROUD JR.	162

TOMBES DE CHEVAUX DE COURSE ①

Un cimetière unique

Fair Grounds
1751 Gentilly Boulevard
Tél. : 504-944-5515
www.fairgroundsracecourse.com
Ouvert tous les jours de 9 h à minuit
Accès : Bus 91, Jackson/Esplanade ; bus 90, Carrolton ; tramway Canal,
City Park/Museum

Certaines des tombes les plus étonnantes de La Nouvelle-Orléans se trouvent sur le terrain de l'hippodrome de Fair Grounds : trois stèles blanches y marquent l'emplacement des sépultures de trois pur-sang de légende. Pan Zareta (ainsi nommée en l'honneur de la fille d'un maire de Ciudad Juárez, au Mexique) a couru 151 fois au cours de sa carrière, aux États-Unis, au Mexique et au Canada, remportant 76 courses et finissant dans le tiercé de tête dans 85 % des épreuves. Sur différents terrains, elle a établi ou égalé 11 records du tour (cinq d'entre eux n'ayant pas été battus pendant 31 ans). Ses prouesses lui ont valu le titre de « Reine du Turf ».

Black Gold, le gagnant des derbys de Louisiane et du Kentucky en 1924, est également enterré à Fair Grounds, où sa carrière avait commencé. À l'âge de 2 ans, il y avait déjà remporté 9 départs sur 18. Black Gold a également été vainqueur lors de la cinquantième édition du Kentucky Derby (c'est d'ailleurs à cette occasion que la balade *My Old Kentucky Home* fut, pour la première fois, jouée avant la course) : il y a battu les meilleurs chevaux des haras du Kentucky. Cette même année, en remportant aussi les derbys de l'Ohio et de Chicago, Black Gold est devenu le seul pur-sang à gagner 4 derbys dans 4 États différents. Enfin, le 18 janvier 1928, Black Gold s'est cassé la jambe lors d'une course à Fair Grounds : sportivement, il a terminé l'épreuve en claudiquant, alors que son jockey s'efforçait de le ménager. Euthanasié à même la piste, Black Gold a plus tard été enterré avec Pan Zareta – le seul cheval que sa mère, U-See-It, n'avait jamais battu dans une course.

Enfin, Tenacious, vainqueur de deux handicaps consécutifs à La Nouvelle-Orléans, a connu une grande popularité à l'échelle locale. Il est également enterré à Fair Grounds.

L'hippodrome de Fair Grounds, sur Gentilly Boulevard, accueille des courses de pur-sang depuis 1852. Il a plusieurs fois changé de nom.

Des courses de chevaux depuis 1852

1751 Gentilly Boulevard
Tél. : 504-944-5515
www.fairgroundsracecourse.com
Ouvert du lundi au samedi de 9 h à minuit, le dimanche de 10 h à minuit
Accès : Bus 91 Esplanade/Jackson

Sous les gradins du deuxième étage du champ de courses de Fair Grounds (appelé également, dans la presse, le « *Gentilly oval* »), une frise chronologique rend hommage aux hommes, femmes et chevaux qui ont contribué à perpétuer la réputation de ce vénérable hippodrome.

Dans ce « panthéon » de Fair Grounds, des vitrines présentent des photos, objets et brèves biographies des célébrités (qu'il s'agisse d'hommes ou de chevaux) qui ont marqué l'histoire du champ de courses. En les découvrant, le visiteur jouit également d'une vue spectaculaire sur la piste toute récente (les anciens bâtiments ayant été détruits en 1993 par un gigantesque incendie).

Les selles, les tapis, les casaques, les programmes et les photographies témoignent de la riche histoire des courses à La Nouvelle-Orléans. Elles rappellent aussi que l'équitation, le « sport des rois », est un savant mélange de dur labeur et de romance.

L'hippodrome de Fair Grounds – où se tient également le New Orleans Jazz & Heritage Festival – accueille des courses de pur-sang depuis 1852 : après Saratoga et Pimlico, il constitue la troisième piste la plus ancienne des États-Unis.

Son « panthéon » rend hommage à l'aristocratie américaine de la course hippique, notamment les entraîneurs Marion et Jack Van Berg, William Hal Bishop et T.A. Grissom, les jockeys Willie Shoemaker, Eddie Arcaro et Johnny Longden, les propriétaires Joe et Dorothy Brown, Louis J. Roussel III, Maggi Moss et Ben A. Jones. Les chevaux n'y sont pas oubliés et les plus remarquables d'entre eux, tels que Black Gold et Pan Zareta, ont également leur place dans cette prestigieuse galerie. Plusieurs légendes locales y sont aussi honorées, dont les entraîneurs Tom Amoss, Al Stall Jr., Frank L. Brothers et William I. Mott, ainsi que les chevaux Tenacious, Cabildo, No Le Hace et Risen Star. On y remarque également Eddie Delahoussaye, vainqueur de deux Kentucky Derbies consécutifs, Craig Perret, Randy Romero et Robby Albarado, des personnalités telles que l'annonceur John Kenneth « Jack » O'Hara, Allen « Black Cat » LaCombe et le général George A. Custer, le vaincu de la bataille de Little Bighorn (1876).

Bien que l'hippodrome ait servi de bivouac aux troupes américaines pendant la Première Guerre mondiale, il a depuis retrouvé sa vocation initiale. Les courses qui s'y déroulent continuent d'enrichir, au fil du temps, le « panthéon » de Fair Grounds.

CHÂTEAU CRÉOLE

Un mystérieux château

Visible depuis la ruelle qui sépare les numéros 2424 et 2426 Aubry Street
Accès : Bus 94, Broad Avenue

Très peu de Néo-Orléanais connaissent l'existence du mystérieux château qui se cache parmi les constructions du Septième District de la ville.

Pour découvrir ce lieu secret, il convient d'emprunter Rocheblave Street jusqu'au bout du bloc 1700, puis de prendre à gauche sur Aubry Street. C'est en regardant vers la gauche, entre la troisième et la quatrième maison, que l'on peut apercevoir la bâtisse et sa tourelle en béton. De nuit, une lumière éclaire la petite fenêtre de la tourelle, ce qui confère davantage de mystère à ce curieux édifice.

Dans l'ouvrage de Lyla Hay Owen et Owen Murphy, *Creoles of New Orleans* (1987), cette construction est appelée « le château créole », car le Septième District constitue le cœur de la culture créole de La Nouvelle-Orléans : la majorité de ses habitants appartient à la classe moyenne afro-américaine de la ville, travaillant principalement dans le bâtiment.

Selon les renseignements glanés par les auteurs de ce livre, le château aurait été construit vers 1921 par un gentilhomme autrichien nommé Rudolpho.

Mme Emily Trevigne, dont la demeure familiale était voisine du terrain de l'Autrichien, a conservé le souvenir de Rudolpho construisant lui-même son château avec l'aide d'un artisan local. Elle se rappelle aussi que Rudolpho, au cours des travaux, avait empiété sur la propriété de sa famille, et que son père s'en était plaint. Bien que Rudolpho ait réfuté ces accusations, il a été condamné à verser une compensation financière à la famille d'Emily Trevigne : selon elle, le château était si proche de sa maison qu'elle pouvait presque toucher la baignoire de son voisin.

Les habitants d'Aubry Street racontent aussi une belle histoire, qui pourrait expliquer la présence de ce mystérieux édifice : son propriétaire aurait rencontré une femme en Italie, dont il serait tombé amoureux. La belle, cependant, habitait un château, et n'aurait accepté d'accompagner son prétendant à La Nouvelle-Orléans qu'à la condition qu'il lui construise une demeure comparable.

LE MUSÉE DE F.P.C.

Une collection dédiée aux combats d'une communauté dynamique

2336 Esplanade Avenue
Tél. : 504-323-5074
www.lemuseedefpc.com
Ouvert du mardi au samedi de 11 h à 16 h, le dimanche de 13 h à 16 h
Visites guidées sur rendez-vous, du mercredi au dimanche à 13 h
Accès : Bus 91, Jackson/Esplanade

Ouvert en 2009 dans un splendide bâtiment de style Greek Revival, le Musée de f.p.c. (pour « *free people of color* », « gens de couleur libres ») aborde nombre de questions souvent omises dans les livres d'histoire.

Ceux qui souhaitent découvrir les difficultés qui furent le lot quotidien de cette communauté (dont le taux d'alphabétisation atteignait pourtant 80 % avant la guerre de Sécession) ne seront pas déçus.

Chaque pièce y est décorée de meubles anciens, de peintures, de dessins et de photos de personnalités de couleur, qui ont vécu dans la semi-liberté que la loi leur a longtemps imposée. La plupart des pièces exposées ont été acquises, au fil des années, par les fondateurs du musée, le docteur Dwight McKenna et sa femme Beverly.

Cette compilation d'objets a pour objectif de montrer l'influence déterminante que les « gens de couleur libres » (qui représentèrent jadis un tiers de la population de la ville) ont exercée sur le développement de La Nouvelle-Orléans. La mémoire de certains notables du passé, comme la prêtresse du « voodoo » Marie Laveau, le scientifique Norbert Rillieux et l'activiste Homer Plessy, y est honorée.

Le musée est dédié au docteur Louis Charles Roudanez (1823-1890), dont le nom n'évoque aucun souvenir chez la plupart des habitants de la ville. Chirurgien et activiste, Roudanez a édité deux périodiques pendant la guerre de Sécession. Formé en France (comme beaucoup de gens de couleur libres au XIXe siècle), ses ascendances africaine et française l'ont privé du droit de vote et de celui de travailler dans la fonction publique. Les histoires évoquées dans les galeries du musée sont celles d'une société dont les règles ont longtemps empêché une partie de ses membres de participer pleinement à la vie civique et sociale de leur époque. Mais ce récit est plus compliqué qu'il n'y paraît, puisque nombre de personnes de couleur libres (et même certains esclaves) possédaient des biens, pour lesquels elles payaient régulièrement des impôts fonciers : paradoxalement, le système économique fondé sur l'esclavage leur avait été profitable et, lorsqu'éclata la guerre de Sécession, quelque 3 000 membres de cette communauté se portèrent volontaires pour servir dans l'armée confédérée.

Les « gens de couleur libres »

Dans l'histoire de l'esclavage, l'expression « gens de couleur libres » désigna d'abord les individus d'ascendance africaine et européenne qui n'avaient pas le statut d'esclave. Elle a été particulièrement utilisée dans les colonies françaises, dont la Louisiane et les îles des Caraïbes, comme Saint-Domingue (Haïti), la Guadeloupe et la Martinique.

BÂTIMENT DE LA GENERAL LAUNDRY

Des couleurs qui défient le temps

2512 St. Peter Street
Accès : Bus 94, Broad

Située à moins d'un pâté de maisons de la limite du quartier de Treme, la façade Art déco du bâtiment de la General Laundry (« Blanchisserie générale ») fut jadis l'un des fleurons de l'architecture d'avant-garde. Bien que l'édifice n'ait fait l'objet d'aucune restauration, ses couleurs ont conservé leur fraîcheur originale.

À travers les plantes grimpantes et les herbes folles qui se sont insinuées au fil des décennies dans les lézardes de sa façade, ce monument présente encore les motifs géométriques, les colonnes cannelées et les décors floraux en terre cuite qui en firent l'une des œuvres les plus remarquables du design urbain de son époque.

En 1974, le bâtiment de la General Laundry avait ainsi été choisi par le Finch College pour figurer parmi les plus fameuses réalisations architecturales de style Art déco : dans la rétrospective qui fut alors organisée, il côtoyait nombre de constructions plus célèbres, dont le Waldorf Astoria, le Rockefeller Center et le Chrysler Building.

C'est en 1930 que la General Laundry inaugura son nouveau local (le précédent ayant été détruit par un incendie) : Robert Chapoit, son propriétaire, organisa alors une fête mémorable pour célébrer la naissance de cette merveille architecturale.

De nos jours, l'état de délabrement du bâtiment n'inspire guère que la tristesse. Et, en dépit de son indéniable intérêt, il a déjà échappé à deux projets de démolition.

Il fut d'abord acheté en 1974 par le service postal fédéral, qui envisagea de le raser pour le remplacer par un parking. Une importante mobilisation populaire permit alors de le faire inscrire au Registre national des lieux historiques, ce qui le sauva une première fois.

Puis, en 1986, la société Southern Recycling l'a racheté pour le transformer en entrepôt. Cette fois encore, les institutions en charge des monuments historiques ont permis d'éviter le pire.

Cependant, bien que la loi n'autorise pas sa destruction, le bâtiment de la General Laundry se meurt, faute d'entretien (sa structure d'acier, notamment, est déjà fort dégradée). Aussi pourrait-il, un jour prochain, disparaître dans l'indifférence générale.

LA FILLE AU PARAPLUIE DE BANKSY

Une œuvre de street art *qui suscite des convoitises*

Coin de Kerlerec Street et North Rampart Street
Accès : Bus 5, Marigny-Bywater ; bus 88, St. Claude-Jackson Barracks ; bus 91,
Jackson-Esplanade

À deux pas du Vieux carré français, dans le Faubourg Marigny, une œuvre de *street art*, protégée par un panneau de plexiglas, représente une jeune fille debout sous un curieux parapluie : c'est de l'objet lui-même que tombe la pluie.

Cette œuvre est attribuée à un artiste anglais engagé, connu sous le pseudonyme de « Banksy » : en 2008, ce spécialiste du *street art* aurait peint 14 scènes satiriques sur les murs de La Nouvelle-Orléans. Il n'en reste aujourd'hui que trois, la plus fameuse étant *Umbrella Girl* (« *La Fille au Parapluie* »). Interrogé à son sujet, le mystérieux Banksy a expliqué qu'il avait souhaité montrer que les objets censés nous protéger pouvaient également nous nuire.

Quant aux deux autres œuvres de l'artiste, l'une se trouve au coin de Clio Street et Carondelet Street, et l'autre, bien dissimulée, derrière une ancienne caserne de pompiers sur Jackson Avenue.

Selon un spécialiste, la présence fantomatique de Banksy a déchaîné, chez les habitants de La Nouvelle-Orléans, un engouement semblable à celui qu'avait suscité le passage des Beatles, qui se produisirent à City Park en 1964. En 2008, nombre d'amateurs ont traqué les œuvres du peintre, discrètement réalisées en différents points de la ville.

Toutefois, l'explosion récente de la cote de Banksy dans les ventes aux enchères (certaines de ses œuvres dépassant parfois le million de dollars) a tenté plus d'un voleur.

Ainsi, en février 2014, les habitants du quartier ont-ils remarqué qu'un homme s'efforçait, en plein jour, de détacher la célèbre *Umbrella Girl*. Interrogé, celui-ci prétendit qu'il avait été mandaté par le propriétaire des lieux pour déplacer l'œuvre de Banksy au Tate Museum de Londres…

Toutefois, lorsqu'il fut pris en photo et que l'on contacta les autorités pour s'assurer de la véracité de ses dires, l'individu sauta dans sa fourgonnette de location et disparut, sans avoir pu commettre son larcin. Il a plus tard été identifié comme un marchand d'art de Los Angeles.

INSCRIPTION
« HANK WAS HERE 1955 »

Un graffiti littéraire

Royal Street Inn & R Bar
1431 Royal Street
Tél. : 504 -948-7499
www.royalstreetinn.com
Accès : Bus 5, Marigny-Bywater ou tramway Riverfront

En 1955, devant le Royal Street Inn & R Bar (alors nommé le Griffin's Bar), plusieurs inscriptions ont été tracées par les passants dans le béton fraîchement coulé du trottoir. L'une d'elles, entourée d'un cœur grossier, a depuis longtemps retenu l'attention : « *HANK WAS HERE 1955* » (« Hank était ici 1955 »).

Ces quelques signes sont attribués à l'écrivain Henry Charles Bukowski (1920-1994), dont l'un des surnoms était effectivement « Hank ». En référence à ce graffiti, l'une des chambres du Royal Street Inn & R Bar fut d'ailleurs appelée, pendant quelque temps, « The Bukowski Suite ».

La Nouvelle-Orléans, avec sa culture pétrie de beuveries et de courses de chevaux, avait tout pour séduire Bukowski. Aussi, lorsqu'il quitta Los Angeles en 1942 pour partir à la découverte du monde, la ville du Croissant figurait-elle déjà sur la liste de ses principales destinations. Bukowski y décrocha un petit emploi de coursier pour le *New Orleans*

Item, un quotidien pour le compte duquel William Faulkner et Lafcadio Hearn ont également travaillé. Pendant la Seconde Guerre mondiale, Bukowski se trouvait à La Nouvelle-Orléans lorsqu'il reçut son ordre de mobilisation. Il répondit d'abord aux autorités que sa « philosophie personnelle » ne lui permettait pas de prendre part au conflit puis, craignant que la situation ne s'envenime, se présenta aux recruteurs de l'armée, qui le déclarèrent inapte au service.

Une nouvelle convocation lui fut cependant envoyée en 1943, et Bukowski fut alors recherché par le FBI, qui l'interpella quelques mois plus tard à Philadelphie. Après 17 jours de détention dans une prison de Pennsylvanie, il fut à nouveau déclaré inapte pour des raisons médicales. Au fil des années, Bukowski serait revenu souvent à La Nouvelle-Orléans, où sa carrière littéraire a véritablement décollé : Jon et Louise Webb, fondateurs des éditions Loujon Press, ont publié ses deux premiers recueils de poésie, *It Catches My Heart in Its Hands* (1963) et *Crucifix in a Deathhand* (1965). De plus, Loujon Press avait passé un curieux accord avec Bukowski :

l'éditeur s'engageait à financer les paris de son auteur dans les courses de chevaux, en échange d'un nouveau recueil de poèmes. Mais Bukowski tarda tant que les Webb finirent par le menacer de mettre fin à leur arrangement… C'est alors que le poète prit le temps d'écrire : deux jours plus tard, son manuscrit était prêt.

CHAPELLE SAINT-ROCH

Le saint patron des guérisons miraculeuses

1725 St. Roch Avenue
Tél. : 504-482-5065
www.arch-no.org
Ouvert tous les jours de 8 h 30 à 16 h
Accès : Bus 80, Desire-Louisa

La chapelle du Sanctuaire national de saint Roch (patron des guérisons miraculeuses) a été construite en 1875 par le révérend P. L. Thevis, un immigrant allemand, en guise d'ex-voto.

De nos jours, un petit local, de la taille d'un placard à balais, y apparaît rempli d'objets déposés par des fidèles reconnaissants : fleurs, béquilles, jouets, yeux de verre et prothèses (lorsque la chapelle est fermée, ces témoignages de piété sont visibles par une fenêtre située à l'arrière de la structure).

Lorsque le père Thevis s'établit à La Nouvelle-Orléans, la fièvre jaune constituait une menace majeure pour les habitants de la ville. Thevis promit alors de construire une chapelle dédiée à saint Roch si ses paroissiens étaient épargnés par ce virus, que l'on surnommait alors « *Bronze John* ».

Contre toute attente, tel fut le cas. Aucun des fidèles de la paroisse n'étant mort de la fièvre jaune, la chapelle a rapidement connu un vif succès auprès des malades et des handicapés, qui apportèrent à saint Roch les symboles de leurs maux : des figurines en plâtre de membres et d'organes (notamment pieds, bras et cœurs), ainsi que des objets témoignant d'une infirmité, remplirent peu à peu l'antichambre située sur la droite de l'autel.

En pénétrant dans le cimetière, on remarque que ses portes sont flanquées de deux curieux personnages : il s'agit d'anges, dont les ailes ont été emportées par un ouragan.

Le chemin qui mène de l'entrée du cimetière à la chapelle est encadré de tombes aménagées en surface, typiques de La Nouvelle-Orléans. En effet, l'humidité du terrain ne permet généralement pas d'y creuser des sépultures.

Saint Roch au secours des femmes célibataires

Le cimetière est également cerné de grandes statues représentant les stations du Chemin de Croix, intercalées entre les murs des mausolées. Aussi, chaque Vendredi saint, les fidèles s'y réunissent-ils pour commémorer la Passion du Christ. Selon la légende, au cours de cette cérémonie, saint Roch exaucerait les vœux des femmes célibataires désireuses de se marier.

LE JARDIN DE JESSICA

Un poignant hommage

Intersection de St. Claude Avenue et de Montegut Street, sur le terre-plein central
Ouvert en permanence
Accès : Bus 88 St. Claude/Jackson Barracks

À l'intersection de St. Claude Avenue et de Montegut Street, sur le terre-plein central, un étonnant jardin fait l'objet des soins constants d'une équipe de bénévoles.

Bien que les automobilistes, ralentis par le bouchon qui sature généralement ce carrefour, ne puissent le manquer, beaucoup ignorent que ce jardin, nommé « Jardin de Jessica », a été créé par Lee Horvitz pour honorer la mémoire de sa fiancée puis amie, Jessica Hawk, décédée prématurément en 2008.

En 2003, Jessica et Lee s'étaient installés ensemble à La Nouvelle-Orléans et, pendant quelque temps, le couple avait envisagé de se marier, avant de renoncer à ce projet. Jessica et Lee demeurèrent toutefois bons amis, jusqu'à ce qu'un tragique événement les sépare : en 2008, Jessica fut assassinée dans son appartement, situé à proximité du jardin actuel. Ce meurtre ne fut élucidé qu'en 2014.

Après le drame, Lee Horvitz a lancé une campagne de sensibilisation intitulée « Justice pour Jessica », dans laquelle l'horticulteur Harold Applewhite s'est impliqué : ensemble, ils ont créé le « Jardin de Jessica », qui est à présent financé par un fonds en ligne, et entretenu par des amis de Jessica.

Jessica Hawk, lauréate de la première bourse accordée par l'université de La Nouvelle-Orléans après l'ouragan Katrina (2005), était botaniste : aucun mémorial n'était donc plus approprié qu'un jardin. Celui-ci se compose de plusieurs plates-bandes surélevées, plantées de fleurs et d'herbes dont certaines étaient les favorites de Jessica. Un arbre occupe le centre du jardin, et des bancs permettent aux visiteurs de s'y attarder pour méditer, au milieu de l'intense trafic qui engorge St. Claude Avenue, à moins d'un pâté de maisons du carrefour ferroviaire où commence le quartier de Bywater.

Dans le jardin, des plaques portent quelques-unes des citations préférées de Jessica (dont une de Tennessee Williams), et une dalle de béton peinte présente les signatures de ses amis et de ses proches, apposées à l'issue d'une *second line* (parade musicale accompagnant traditionnellement les funérailles à La Nouvelle-Orléans) organisée pour l'inauguration du jardin en 2012. Enfin, sous un banc, un assemblage de briques inscrites rappelle l'éclectisme des goûts qui furent ceux de Jessica Hawk : Shakespeare, Vivaldi, David Bowie, Billie Holiday, la botanique, Woody Allen, les Monty Python et Ernie K-Doe.

ROSALIE ALLEY

Un accès à l'au-delà voodoo ?

Au milieu du bloc 3300 de North Rampart Street, entre Piety Street et Desire Street
Accès : Bus 88, St. Claude/Jackson Barracks ; bus 5, Marigny/Bywater

Située dans le quartier de Bywater, Rosalie Alley se présente comme une petite voie sans bitume, longue d'un demi-bloc. Très calme de jour, elle semble inoffensive : pourtant, on ne tarde guère à y découvrir la représentation d'un *ghede* (squelette).

Un peu plus loin, une fontaine en briques mal appareillées apparaît, cernée d'une longue fresque représentant la célèbre prêtresse voodoo Marie Laveau (le « voodoo » de La Nouvelle-Orléans devant être distingué du « vaudou » haïtien, bien que nombre d'œuvres – notamment cinématographiques – aient confondu ces deux traditions), ornée d'un petit crâne en céramique.

Plus loin encore, on remarque une petite armée de *ghedes*, peints sur des clôtures en bois. Selon les croyances des adeptes du voodoo, les *ghedes* représentent les sages qui se sont approprié l'ensemble des connaissances des morts. Aussi se tiennent-ils à la croisée de tous les chemins qui mènent à l'au-delà.

Toutefois, les *ghedes* de Rosalie Alley n'ont rien de menaçant : affublés d'expressions joyeuses, ils semblent accueillir le passant avec bienveillance – l'un d'eux, tout sourire, fume même un cigare.

Le chemin de Rosalie Alley, ponctué de portes d'entrée et d'arrière-cours, recèle aussi ce qui ressemble à un patio, doté d'un échiquier, de chaises, de tables et de baignoires remplies de plantes.

Les clôtures de couleur pastel, qui portent encore d'anciens slogans en français et en espagnol, donnent une saveur caribéenne à ce petit quartier méconnu.

Ce décor est supervisé par la prêtresse Sallie Ann Glassman : elle préside, chaque mois de juillet, à la cérémonie du Hurricane Protection Spell (un mélange de rituel catholique et de cérémonie voodoo), dont l'objet est de repousser les tempêtes tropicales qui s'abattent chaque année sur la ville.

Lors de ces cérémonies, les croyants se rassemblent sur plus de 75 mètres, jusqu'à Achade Meadow Peristyle, et laissent des offrandes à Notre-Dame du Prompt Secours (fleurs, statues, bougies, images religieuses) et à l'intention de l'icône voodoo que constitue Ezili Danto (rhum, poignards de Floride, cigarettes non filtrées, porc frit et gâteaux).

Selon certains, Rosalie Alley, avec ses clôtures ornées de symboles, permettrait d'accéder à l'au-delà, aussi appelé « les portes de Guinee ». Il serait imprudent de s'y aventurer seul, car les forces de l'au-delà y « attireraient » les visiteurs.

L'ARCHE DE LA VICTOIRE

Le premier mémorial dédié aux soldats de la Grande Guerre

3801-3899 Burgundy Street
Accès : Bus 88 St. Claude, Bus 5 Marigny/Bywater

Érigée en 1919 par les habitants du Neuvième District de La Nouvelle-Orléans, l'Arche de la Victoire (*Victory Arch*) fut le premier monument commémoratif à honorer la mémoire des citoyens qui s'étaient engagés dans les combats de la Grande Guerre.

Situé dans le quartier historique de Bywater (à l'extrémité de ce qu'on appelait Macarty Square, en face de Burgundy Street, jouxtant l'arrière-cour de l'école secondaire KIPP Renaissance), ce mémorial s'inspire du style des arcs de triomphe romains. La construction du monument, plus connu sous son nom officiel d'« Arche commémorative du Neuvième District » (*Ninth Ward Memorial Arch*), a été entièrement financée par les dons des habitants de ce quartier ouvrier, récoltés par démarchage, souscriptions et levées de fonds.

Mesurant 8,70 mètres de hauteur sur 6,40 de largeur et 2,15 d'épaisseur, l'Arche de la Victoire a été conçue par l'artiste Charles L. Lawhon, célèbre pour avoir réalisé nombre de monuments funéraires dans les cimetières les plus prestigieux de La Nouvelle-Orléans.

L'Arche porte quatre plaques de bronze énumérant les noms des habitants du Neuvième District ayant pris part aux combats. On y remarque que les citoyens noirs et blancs n'y sont pas distingués, ce qui rappelle la nature biraciale de nombreux anciens quartiers de La Nouvelle-Orléans.

L'onomastique montre également les origines très diverses des habitants du Neuvième District : parmi les noms d'origine française, irlandaise, allemande, anglaise, écossaise, espagnole et croate, beaucoup sont encore attestés à La Nouvelle-Orléans, et les descendants de ces combattants y occupent de nos jours des fonctions variées (notamment politiciens, musiciens, juristes, artistes, médecins, avocats et hommes d'affaires).

Le monument recense 1 231 hommes et une femme, Frances Ruth Fabing, qui fut infirmière pour la Croix-Rouge sur les champs de bataille. En 1919, c'est elle que l'on désigna pour dévoiler l'Arche lors de l'inauguration.

Il est quelque peu ironique que le premier mémorial de la Grande Guerre ait été financé par la communauté patriotique du Neuvième District. En effet, près d'un siècle plus tard, après que l'ouragan Katrina a rompu les digues qui protégeaient le quartier, des voix se sont élevées pour remettre en question l'attachement de La Nouvelle-Orléans à la communauté américaine.

COWAN MAN

« Ils mangent tout ce qui ne les mange pas en premier »

4511 St. Claude Avenue
Tél. : 504-292-7831 (appeler ce numéro pour connaître les horaires d'ouverture)
Accès : Bus 5, Marigny-Bywater ou bus 88, St. Claude-Jackson Barracks

En circulant sur le pont qui enjambe l'Industrial Canal, on remarque un panneau publicitaire perché sur un poteau, portant la mention « COWAN MAN ».

Cette indication signale l'emplacement d'un lieu étonnant installé dans une petite maison en bois peint en contrebas du pont : cet établissement sert ou vend des mets inattendus qui, pourtant, appartiennent de longue date au patrimoine culinaire de la Louisiane.

On y trouve ainsi de la tortue serpentine (appelée localement *cowan*), de la viande d'alligator, des mollusques, des rats musqués et du raton laveur (le slogan du restaurant, « *Coons, Coons, Coons !* », fait référence aux raccoons, « ratons laveurs »).

La carte rappelle, naturellement, les vieilles plaisanteries sur les Cadiens de Louisiane, réputés pour « manger tout ce qui ne les mange pas en premier ».

Cet établissement haut en couleur, dont le propriétaire se fait appeler Seafood Frank (« Frank Fruits-de-Mer »), existe depuis 1959. Passionné par son métier, Frank tient à jour une page Facebook consacrée aux aliments de base de la cuisine louisianaise, notamment les crabes en mue, les crevettes jumbo, les filets de poissons-chats et de truites.

La carte du Cowan Man ne cesse de surprendre : outre la saucisse de chevreuil et d'alligator, les cochons sauvages, les chèvres, les opossums et les lapins entiers, le restaurant propose des alligators simplement dépouillés, prêts à passer au barbecue, ainsi que des tortues serpentines vivantes préparées à la demande (en les choisissant, la prudence s'impose, car elles sont capables d'arracher un doigt aux visiteurs imprudents). Quant au raton laveur, qui figure en si bonne place sur le menu, on est en droit de se demander comment il est préparé…

Dans un article du *New Yorker*, Ronald W. Lewis, conservateur de la House of Dance and Feathers (voir p. 158), a évoqué la manière dont sa mère préparait ce plat qui, selon lui, est délicieux : le raton laveur était d'abord bouilli dans le traditionnel *seafood boil* (« bouillon de fruits de mer », typique du sud de la Louisiane), puis cuit au four avec des patates douces.

THE MUSIC BOX VILLAGE

Un lieu magique

4557 N. Rampart Street
www.musicboxvillage.com
Accès : Bus 5, Marigny-Bywater ou bus 88, St. Claude-Jackson Barracks

Sur N. Rampart Street, non loin de l'Industrial Canal, une paroi en tôle ondulée dissimule une expérience unique en ville : créé par le collectif d'artistes et d'artisans New Orleans Airlift, The Music Box Village (« Le Village-Boîte à Musique ») est dédié à la musique et à l'architecture, deux domaines dans lesquels La Nouvelle-Orléans a toujours excellé.

Ce « village », implanté sur un terrain boisé, abrite une étonnante collection de structures faites de matériaux de récupération, qui constituent autant d'instruments de musique d'avant-garde.

Lancé en 2011, The Music Box Village a été installé l'année suivante dans un endroit secret de City Park, à quelques pâtés de maisons du Jazz and Heritage Festival. Plusieurs musiciens participant au festival officiel sont alors venus s'y produire. L'expérience a été reconduite en 2015 et a fini par déboucher, à l'automne 2016, sur le « village » permanent de N. Rampart Street.

Le concept développé par New Orleans Airlift est aussi créatif qu'ambitieux, et dépasse largement le cadre des concerts et spectacles musicaux organisés jusqu'à présent : il est notamment prévu que le « village » puisse accueillir des artistes résidents et des colonies de vacances à vocation pédagogique. Parallèlement, la collection d'instruments de musique continuera de s'enrichir. Celle-ci comprend déjà le *Château Poulet* (une construction évoquant un chapeau de sorcière, dotée de ventilateurs qui, mus par des cordes, produisent différentes tonalités), une grande cloche contenant un assortiment de clochettes, ainsi que d'autres structures faites de planches qui émettent des sons lorsqu'on les foule.

Le « village » possède ses propres ateliers, dotés du matériel nécessaire pour travailler le métal, et de grues pour déplacer les instruments qui y sont créés. Enfin, le domaine accueillera aussi le « Swamp Dityrambalina », une maison musicale grandeur nature, déjà expérimentée à l'époque où The Music Box Village n'était encore que provisoire.

À l'avenir, les organisateurs de The Music Box Village espèrent attirer tous les passionnés de musique, quels que soient leur âge et leurs moyens financiers (ainsi, ils ont déjà percé des trous dans la tôle qui entoure le « village », pour permettre aux enfants qui ne peuvent s'offrir un billet de profiter des spectacles). Ils ambitionnent aussi d'accueillir des musiciens mondialement connus, afin de favoriser le mélange des genres et des styles.

Ainsi La Nouvelle-Orléans, dans le domaine des arts, ne cesse-t-elle d'innover.

LES MAISONS DES DOULLUT

*Des habitations conçues pour ressembler
à des bateaux à vapeur*

400 et 503 Egania Street
Résidences privées fermées au public
*Accès : Bus 88 St. Claude/Jackson Barracks (pour des raisons de sécurité, mieux
vaut cependant s'y rendre en voiture ou en taxi)*

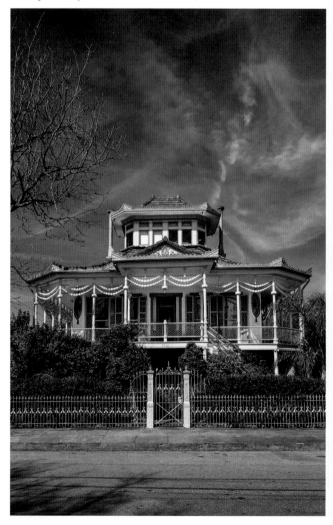

Sur Egania Street, dans la section « Holy Cross » du Lower Nine, deux étonnants manoirs rappellent, par leur aspect, les bateaux à vapeur qui naviguaient jadis sur le Mississipi, dont la digue est toute proche. Aussi sont-elles désignées par le nom de *Steamboat Houses* (« Maisons-bateaux à vapeur »).

Ces maisons, privées et fermées au public, ne peuvent être admirées que de l'extérieur. Cependant, d'après les témoignages de ceux qui les ont visitées, ainsi que les clichés parus dans la presse, leur aspect intérieur évoque également celui des anciens bateaux fluviaux.

À l'extérieur, ces habitations sont entourées de ponts, de colonnes métalliques et de bastingages et, au premier étage, des chapelets de boules blanches rappellent la décoration traditionnelle des *steamboats* du Mississipi. L'ensemble est orné de boiseries et surmonté de cheminées en métal reproduisant celles de ces navires. Le style opulent des anciens bateaux à vapeur se retrouve naturellement à l'intérieur des demeures : des couloirs étroits, de raides escaliers, des murs et des plafonds recouverts de panneaux de zinc gaufré aux motifs de gerbes de maïs et de hachures rappellent le décor des *steamboats*, de même que les vitraux ovales, qui évoquent les hublots. Ces maisons ont été bâties sur les terrains les plus élevés du quartier, ce qui leur a permis d'échapper aux inondations de l'ouragan Katrina, qui ont dévasté la plupart des propriétés environnantes, plus récentes.

C'est en 1905 que les époux Milton et Mary Doullut, pilotes fluviaux, construisirent leur demeure, conçue pour rappeler les bateaux sur lesquels ils avaient travaillé tout au long de leur carrière. Huit ans plus tard, ils en firent bâtir une autre, très similaire, pour leur fils. Bien que les *steamboats* aient indéniablement constitué la principale source d'inspiration pour concevoir ces maisons, il semble que les Doullut ont également souhaité y ajouter une touche d'exotisme : selon certains architectes, la pagode du pavillon japonais de l'Exposition universelle organisée en 1904 à Saint-Louis aurait servi de modèle pour la toiture.

À cette époque, on tenait encore grand compte des risques naturels, lorsque l'on construisait une maison. Ainsi les murs du rez-de-chaussée des Steamboat Houses sont-ils revêtus, à l'intérieur comme à l'extérieur, de carreaux de céramique (c'est également le cas des colonnes) : après une inondation, les maisons pouvaient donc être lavées à grande eau.

Les *Steamboat Houses* construites par les Doullut sur Egania Street ont été classées Monuments historiques en 1977.

LA MAISON DE LA DANSE ET DES PLUMES

La culture des parades de La Nouvelle-Orléans

1317 Tupelo Street
Tél. : 504-957-2678
www.houseofdanceandfeathers.org
Visites sur rendez-vous
Accès : Bus 88, St. Claude/Jackson Barracks

Sur Tupelo Street, une arrière-cour recèle un trésor bien caché : grâce aux efforts de Ronald W. Lewis, un vaste hangar y est dédié à la culture des parades de La Nouvelle-Orléans, et particulièrement à ses origines afro-américaines. Du sol au plafond, cet espace est occupé par des éléments multicolores : costumes de Mardi gras constellés de perles et de plumes, panneaux de signalisation, affiches de concerts, parasols, masques, photos et ouvrages sur la genèse des fameuses « *second lines* » (parades funéraires typiques de la ville). Bien que cet ensemble hétéroclite puisse surprendre, l'enthousiasme de Ronald W. Lewis sert de guide au profane, dans ce temple de la culture néo-orléanaise.

Lewis s'est d'abord contenté d'accumuler chez lui ces objets témoignant de la spécificité de la tradition locale. Puis son épouse, qui ne supportait plus de vivre parmi ces souvenirs, l'a prié de déplacer sa collection : c'est alors que la House of Dance and Feathers commença à se développer dans l'arrière-cour, jusqu'à ce qu'elle devienne une véritable attraction.

À l'époque de la ségrégation, les Noirs ne pouvaient se mêler aux Blancs. Les Afro-Américains ont donc inventé leurs propres traditions, telles que celle des « *second lines* », auxquelles tous les spectateurs sont invités à se joindre. Par ailleurs, des associations d'entraide ont été constituées par les Noirs, afin de procurer aux membres de leur communauté une assistance médicale, des services funéraires et des débouchés professionnels. Ces dispositions donnèrent naissance à des organisations telles que la Zulu, qui fut la première à organiser des parades afro-américaines à l'occasion du Mardi gras.

Au fil de la visite, Lewis détaille également la genèse de certaines manifestations devenues typiques de La Nouvelle-Orléans, comme celle des Baby Dolls, qui ont commencé en 1912 dans les quartiers rouges, en réaction aux lois Jim Crow. Ces rassemblements permettaient en outre aux femmes afro-américaines de participer à une subtile critique du carnaval local. Parmi ces traditions, The Northside Skull and Bones Gang existe encore, bien que sa création remonte à 1819.

AVERTISSEMENT AUX PILLARDS APRÈS LE PASSAGE DE L'OURAGAN KATRINA

Une tentative désespérée de dissuader les voleurs

Ansel M. Stroud Jr. Military History & Weapons Museum
6400 St. Claude Avenue
Tél. : 504-278-8664 - www.geauxguardmuseums.com
Ouvert du lundi au samedi de 10 h à 16 h
Accès : Bus 88, St. Claude-Jackson Barracks

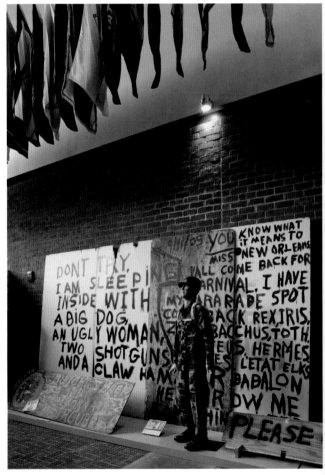

N'ESSAYEZ PAS. JE DORS À L'INTÉRIEUR AVEC UN GROS CHIEN, UNE FEMME LAIDE, DEUX FUSILS À POMPE ET UN MARTEAU ARRACHE-CLOUS.»

Les photos de cet avertissement, peint sur un panneau protégeant un magasin de tapis orientaux de St. Charles Avenue, ont été très largement diffusées après le passage de l'ouragan Katrina. La plupart des Néo-Orléanais ignorent probablement que cette inscription, comme beaucoup d'autres, est aujourd'hui conservée au Ansel M. Stroud Jr. Military History & Weapons Museum, à Jackson Barracks. C'est évidemment aux pillards que s'adressaient les menaces du marchand de tapis Bob Rue. Si leur teneur peut aujourd'hui prêter à sourire, elles illustrent cependant la panique dans laquelle les logements et les commerces ont été abandonnés en 2005. Le message de Bob Rue est rapidement devenu l'un des symboles de la catastrophe de 2005, et plusieurs médias l'ont interrogé à son sujet : Rue a alors expliqué qu'il n'était pas demeuré dans son magasin après la catastrophe, mais chez sa petite amie, dont le logement avait été épargné par les eaux. Il a néanmoins confirmé qu'il avait emporté un marteau arrache-clous. Bob Rue a vendu ses panneaux de contreplaqué à l'État de Louisiane, et ceux-ci ont été exposés dans plusieurs musées du pays (l'un d'eux se trouve actuellement au Smithsonian à Washington).

Quant au fameux marteau arrache-clous, il est exposé dans une vitrine du Ansel M. Stroud Jr. Military History & Weapons Museum, à côté de l'inscription qui le mentionne.

MUSÉE MILITAIRE ANSEL M. STROUD JR.

Une base qui vit passer Ulysses S. Grant, Robert E. Lee, P.G.T. Beauregard et Zachary Taylor

6400 St. Claude Avenue
Tél. : 504-278-8664
www.geauxguardmuseums.com
Ouvert du lundi au samedi de 10 h à 16 h
Accès : Bus 88, St. Claude/Jackson Barracks

Implanté au cœur de la base historique de la Garde nationale de Jackson Barracks, le Ansel M. Stroud Jr. Military History & Weapons Museum a pour vocation de mettre en valeur l'histoire de la Louisiana Army and Air National Guard (« Armée de Louisiane et Garde nationale aérienne »).

Entouré d'avions de combat et d'une douzaine de véhicules militaires, ce musée a été dévasté lors du passage de l'ouragan Katrina. Il a depuis été reconstruit, et sa collection permet au visiteur de découvrir la riche histoire de l'armée américaine en Louisiane.

L'institution expose nombre de textes, de peintures et de photos, et dispose d'une impressionnante collection de matériel militaire, incluant notamment des mousquets datant de la Révolution, des mortiers, des armes de poing, des fusils, des canons, des petits chars, des cockpits d'avion, des missiles et un hélicoptère.

Certains des objets exposés remontent à la guerre d'indépendance des États-Unis, et une attention particulière a été apportée à l'histoire récente de la base de Jackson Barracks, qui fut détruite et reconstruite. Des reportages filmés sont diffusés dans le musée : ils incluent les témoignages de ceux qui y étaient alors présents, et qui ont servi leur communauté si vaillamment.

La base a été créée en 1834, conformément aux dispositions de la loi fédérale de 1832 sur les fortifications : le gouvernement de l'époque avait en effet estimé que les régions côtières du pays n'étaient pas efficacement protégées. La vocation de Jackson Barracks (que l'on appela d'abord « New Orleans Barracks ») fut donc de défendre la partie méridionale du Mississipi.

Jackson Barracks connut son baptême du feu au cours de la guerre américano-mexicaine de 1846-1848. Au cours de ce conflit, Ulysses S. Grant, Robert E. Lee, Zachary Taylor et P.G.T. Beauregard firent halte à Jackson Barracks. C'est également à cette époque que l'institution du Public Service Hospital for Veterans fut créée (bien que cet hôpital réservé aux anciens combattants ait été le premier du genre aux États-Unis, il a été démoli en 1888).

C'est en 1866 que la base a pris le nom du président Andrew Jackson, qui avait conduit les forces américaines à la victoire lors de la fameuse bataille de La Nouvelle-Orléans, en 1812.

Enfin, en 1920, le général Pershing se rendit à Jackson Barracks pour une revue des troupes revenues des combats de la Première Guerre mondiale.

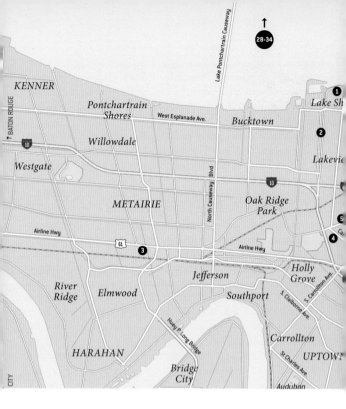

Lake Area

1. LA FONTAINE DU MARDI GRAS — 166
2. CROIX CELTIQUE — 168
3. LA TOMBE DE GRAM PARSONS — 170
4. MÉMORIAL ET MAUSOLÉE DES CORPS NON RÉCLAMÉS DES VICTIMES DE KATRINA — 172
5. CIMETIÈRE HOLT — 174
6. ALFEREZ ART DECO FENCE ADORNMENTS — 176
7. HISTORIC NEW ORLEANS TRAIN GARDEN — 178
8. COLOMBIER DE CAROL — 180
9. LE « CHÊNE DUELLISTE » — 182
10. CÉRÉMONIE DE « LAVAGE DE LA TÊTE » À LA FÊTE DE LA SAINT-JEAN D'ÉTÉ — 184
11. LA BOUCHE D'INCENDIE LA PLUS ANCIENNE DE LA NOUVELLE-ORLÉANS — 186
12. MUSIC TREE — 188
13. GALERIE D'ART DU 3127 PONCE DE LEON STREET — 190
14. MANOIR DE LULING — 192

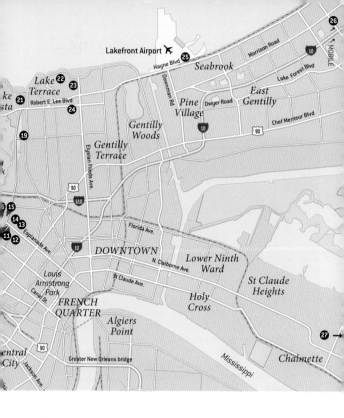

⑮	LE CHÊNE CHANTANT	194
⑯	LA FONTAINE THE WAVE OF THE WORLD	196
⑰	LA POPP FOUNTAIN	198
⑱	LABORDE MOUNTAIN	200
⑲	ASHTRAY HOUSE	202
⑳	HIGGINS HOUSE	204
㉑	LE FORT ESPAGNOL	206
㉒	STATUE LOUP GAROU	208
㉓	STATUE DU ROI LEAR	210
㉔	MISSION NOTRE-DAME DE LA VANG	212
㉕	LES FRESQUES DU TERMINAL DE LAKEFRONT AIRPORT	214
㉖	LE PARC D'ATTRACTIONS DÉSAFFECTÉ SIX FLAGS	216
㉗	LOS ISLEÑOS HERITAGE AND MULTI-CULTURAL PARK	218
㉘	LE CHÊNE DES SEPT SŒURS	220
㉙	DEW DROP SOCIAL & BENEVOLENT JAZZ HALL	222
㉚	NORTHLAKE NATURE CENTER	224
㉛	ABITA MYSTERY HOUSE	226
㉜	STATUE DE RONALD REAGAN	228
㉝	MUSÉE DU PATRIMOINE AFRO-AMÉRICAIN	230
㉞	LIGO	232

LA FONTAINE DU MARDI GRAS

Les emblèmes de toutes les krewes du carnaval

Lakeshore Drive
Accès : Bus 45 Lakeview (environ à 1,2 kilomètre)

Inaugurée le 16 septembre 1962 sur Lakeshore Drive, au bord du lac Pontchartrain, la Fontaine du Mardi gras est ornée des emblèmes en céramique des *krewes* (« équipes ») qui organisent chaque année les parades du célèbre carnaval de La Nouvelle-Orléans.

Lakeshore Drive est une zone étonnamment calme : généralement, seuls quelques voiliers, joggeurs isolés et pêcheurs solitaires se partagent la rive méridionale du lac Pontchartrain, le dixième plus grand lac des États-Unis.

Dans les années 1950, Darwin S. Fenner, chef de la *krewe* « Rex » (la plus ancienne et la plus prestigieuse de la ville, puisqu'elle date de 1872), envoya en Europe son jeune concepteur de chars de parade, Blaine Kern, afin d'y glaner de nouvelles idées. Kern, devenu depuis un constructeur de chars de renommée mondiale, fut impressionné par les fontaines qui ornent les grandes villes du Vieux Continent : à son retour, il s'est adressé à Gerald Gallinghouse, alors président de la commission chargée des digues, et lui a proposé d'ériger une fontaine en l'honneur des *krewes* de la ville. Ainsi naquit la Fontaine du Mardi gras.

La fontaine connut un vif succès au cours des années 1960 et 1970 : à intervalles réguliers, elle propulsait alors des jets d'eau de 10 mètres de haut, éclairés en violet, vert et or, les couleurs officielles du Mardi gras.

Cependant, elle fut régulièrement la cible de plaisantins s'amusant à y verser de la lessive, ce qui contribua à la rendre moins attrayante. Elle fut finalement laissée à l'abandon et, dans les années 1990, il n'en restait plus guère qu'une ruine.

Ce n'est qu'en 2005 que la ville a entrepris son réaménagement, pour un budget de 2,5 millions de dollars. La fontaine fut alors dotée d'un système de pompes plus performant, et le trottoir qui l'entoure fut refait à neuf. De plus, les artistes travaillant pour Kern se sont chargés des plaques portant les emblèmes des *krewes* : certaines ont été restaurées, et d'autres ont été ajoutées, car certaines des « équipes » actuelles n'existaient pas en 1962.

Mais les travaux ont été achevés peu de temps avant le passage de l'ouragan Katrina… Tout était donc à refaire.

Aussi, en 2013, une nouvelle rénovation a-t-elle été menée avec le concours de la FEMA et du Corps des ingénieurs de l'armée de terre. Un nouveau système de sécurité a également été installé – sans doute pour éloigner les « terroristes » armés de lessive.

CROIX CELTIQUE

Un mémorial pour des milliers d'immigrants irlandais

West End Boulevard et Down Street, sur le terre-plein central
Ouvert en permanence
Accès : Bus 45 Lakeview ou tramway Canal-Cemeteries, puis bus 45 Lakeview

Sur le vaste terre-plein central de West End Boulevard, au milieu du quartier coquet de Lakeview, se dresse une croix en marbre de Kilkenny. Ce monument témoigne des souffrances des milliers d'immigrants irlandais qui, dans des conditions abominables, creusèrent le New Basin Canal.

Grâce à l'action de la fraternité catholique irlandaise Ancient Order of Hibernians (AOH), le site où se trouve la croix a récemment été étendu de plus d'un hectare et demi, permettant de mettre en valeur les nombreux apports de la communauté irlandaise à la culture et à l'histoire de La Nouvelle-Orléans.

Le percement du canal a commencé en 1832, et les travaux ont duré six ans. Cette nouvelle voie navigable visait à concurrencer le canal Carondelet, qui constituait alors un important point de passage commercial entre le lac Pontchartrain et la partie créole de la ville. Le New Basin Canal, reliant le lac au faubourg de St. Mary (de nos jours le Central Business District), a été conçu pour tirer parti de l'essor que connaissait alors l'économie du secteur américain de la ville : cette nouvelle voie navigable connut un énorme succès financier, qui a contribué à la croissance de l'économie de La Nouvelle-Orléans pendant presque cent ans. Le canal a été comblé après la Seconde Guerre mondiale, et son tracé a été recouvert par celui de l'autoroute Pontchartrain, construite dans les années 1960.

Pour creuser ce nouveau fleuron de l'économie locale, des milliers d'immigrants irlandais ont dû se frayer un chemin à travers des marécages hostiles. Les esclaves, pourtant disponibles en grand nombre à l'époque, n'ont pas été mis à contribution pour ces travaux, considérés comme trop dangereux : leur vie était alors jugée plus précieuse que celle des travailleurs immigrés. La fièvre jaune, le choléra, le paludisme, ainsi que le caractère inhumain des conditions de travail ont décimé entre 6 000 et 30 000 Irlandais – dont le salaire n'était alors que d'un dollar par jour.

Par milliers, ces victimes ont été enterrées sommairement dans la boue des digues ou des ornières longeant le canal. Elles n'ont reçu ni prières ni sépultures décentes.

LA TOMBE DE GRAM PARSONS

Un cadavre dérobé

Garden of Memories Cemetery
4900 Airline Drive
Tél. : 504-833-3786
www.gardenofmemoriesmetairie.com
Ouvert 24h/24, tous les jours
Accès : Bus E2

Dans le cimetière méticuleusement entretenu du Garden of Memories, une plaque en bronze semble incongrue : le jeune homme qui y est représenté, chantant et jouant de la guitare, fut un musicien dont le style country n'était pas celui de La Nouvelle-Orléans.

Cette plaque marque l'emplacement où reposent les restes de Gram Parsons (1946-1973), qui fut étroitement associé à la culture rock des années 1960 et 1970. Considéré comme l'un des plus grands artistes rock de sa génération, Parsons a fait partie de quelques-uns des groupes les plus populaires de son époque, notamment The Byrds et The Flying Burrito Brothers.

Né en Floride, Parsons aurait décidé de devenir musicien à l'âge de 9 ans, alors qu'il venait d'assister à un concert d'Elvis Presley. Célèbre pour son mélange de genres (il a notamment contribué à la création des styles country rock et country alternative), il a été élu 87e musicien le plus influent au cours du sondage *Rolling Stone Top 100* réalisé en 2003.

Cependant, le public ignore généralement tout de la série d'événements rocambolesques qui a conduit à ce que le corps du musicien soit inhumé au Garden of Memories.

En effet, peu avant sa mort par excès de morphine et de téquila, Parsons – alors âgé de 26 ans – avait donné aux membres de son groupe des consignes précises, dans le cas où il viendrait à disparaître : il souhaitait être incinéré, et que ses cendres soient dispersées au Joshua Tree Monument, en Californie.

Or, c'est précisément à Joshua Tree que le drame se produisit, le 19 septembre 1973. Lorsque les amis du musicien apprirent que son beau-père avait décidé de le faire inhumer dans la banlieue de Metairie à La Nouvelle-Orléans, ils prirent des dispositions pour contrecarrer ce projet : ils louèrent un corbillard, enlevèrent le corps de Parsons et le ramenèrent à Joshua Tree. Parvenus dans ce site grandiose, ils ouvrirent le cercueil, versèrent de l'essence sur le corps et y mirent le feu…

Toutefois, la cérémonie improvisée tourna court : en apercevant des gyrophares se dirigeant dans sa direction, la petite troupe se dispersa, laissant aux autorités le soin d'éteindre le feu. Ce sont donc 60 % du corps de Parsons qui furent ensuite acheminés au Garden of Memories, où ils reposent désormais.

MÉMORIAL ET MAUSOLÉE DES CORPS NON RÉCLAMÉS DES VICTIMES DE KATRINA

Le plus méconnu des hommages aux victimes de Katrina ?

5050 Canal Street
Tél. : 225-342-9500 - www.saveourcemeteries.org/charity-hospital
Ouvert selon des horaires variables
Accès : Tramway Canal Street/Cemeteries

Niché entre les deux anciens cimetières qui marquent le terminus de la ligne de tramway Canal Street/Cemeteries, le Katrina Memorial and Mausoleum to unclaimed bodies constitue peut-être le plus méconnu des hommages aux victimes de l'ouragan Katrina. Pourtant situé à proximité de l'un des carrefours les plus fréquentés de la ville, il reste dissimulé derrière une clôture en métal noir ornée de fleurs de lys, et demeure généralement ignoré des milliers d'automobilistes qui le longent quotidiennement. Vu d'en haut, ce mémorial arbore la forme d'un ouragan, et comporte en son milieu une stèle de granit noir, qui constitue le centre d'un œil formé par un chemin en béton. Deux arcs de cyprès entourent la stèle. À l'arrière de ce modeste espace, qui fut jadis une fosse commune du Charity Hospital, six mausolées de granit noir contiennent les restes de dizaines de victimes non réclamés, et non identifiés, de Katrina. Après le passage de l'ouragan meurtrier, les restes des victimes anonymes ont d'abord été conservés dans des entrepôts. Puis les efforts combinés de la municipalité, du bureau du *coroner* (médecin légiste), de citoyens impliqués et, plus concrètement, des pompes funèbres de La Nouvelle-Orléans ont abouti à ce projet, qui a permis à ces inconnus de recevoir une sépulture en août 2008. Plus de 24 sociétés locales de pompes funèbres ont offert leurs services à ces malheureux : des corbillards, des porteurs de flambeaux, et le décorum qui distingue les funérailles de La Nouvelle-Orléans y ont été réunis, incluant notamment une « *second line* »

(fanfare mortuaire typique de la ville). Pour honorer ces morts, à 9 h 38 exactement (l'heure à laquelle la première digue se rompit), une cloche fut sonnée trois fois par des responsables de la municipalité, dont le maire Ray Nagin et le lieutenant général Russel Honoré. La cérémonie s'est achevée par un hommage musical, improvisé à la trompette par le *coroner* Frank Minyard.

CIMETIÈRE HOLT

Un lieu poignant

635 City Park Avenue
Tél. : 504-658-3781 - www.saveourcemeteries.org
Ouvert du lundi au vendredi de 8 h à 14 h 30, le samedi de 8 h à midi
Accès : Bus 91 Jackson/Esplanade

Situé au centre-ville, mais dissimulé à la plupart des regards, le Holt Cemetery demeure largement méconnu : dépourvu de mausolées et de monuments pompeux, il ne rassemble que de modestes pierres tombales, disposées à l'ombre de chênes moussus. Le caractère poignant des lieux, cependant, mérite assurément une visite.

Le cimetière date de 1879, et son emplacement avait été choisi de manière à permettre aux convois funèbres de contourner la ville, afin d'éviter la propagation d'épidémies (notamment de fièvre jaune : en 1878, cette maladie virale fit 13 000 morts dans la basse vallée du Mississipi). Il porte le nom du Dr Joseph Holt, membre éminent du Comité sanitaire de la ville, dont l'action a joué un rôle déterminant dans la lutte contre les maladies qui ravageaient le quartier « rouge » de Storyville.

Destiné aux moins fortunés, le cimetière était à l'origine une vaste fosse commune. Cependant, on y trouve également des tombes individuelles, dont les modestes ornements (fleurs artificielles, pierres tombales réalisées par les proches des défunts) ont conservé leur caractère émouvant. Quelques musiciens, pionniers du blues et du jazz, devenus célèbres après leur mort, y sont toujours inhumés.

Le « père du jazz »

Comme l'indique un monument érigé dans le Holt Cemetery en 1998, l'une des tombes anonymes qui s'y trouvent contient les restes de Buddy Bolden (1877-1931), souvent surnommé le « père du jazz ». Avant d'être définitivement interné à l'asile d'aliénés de Jackson en 1907 pour sa schizophrénie, Bolden (avec son groupe, le Bolden Band) a développé un style musical révolutionnaire, synthèse entre le ragtime, le blues rural, le negro spiritual et la musique des *marching bands*. Il a ainsi créé une sorte de ragtime relâché et largement ouvert à l'improvisation : ce style, appelé *hot music*, a jeté les bases du jazz des décennies suivantes.

Jessie Hill (1932-1996), le chanteur de rhythm and blues célèbre pour son classique *Ooh Poo Pah Doo* (1960), est également inhumé au Holt Cemetery.

Enfin, d'autres tombes anonymes renferment les dépouilles de l'Afro-Américain Robert Charles (1865-1900), qui fut à l'origine de l'une des plus terribles émeutes raciales de l'histoire de la ville, ainsi que de Ferris LeBlanc et de trois de ses compagnons, victimes de l'incendie criminel du bar gay UpStairs Lounge, en 1973.

Ironiquement, « Holt » signifie « mort » en hongrois. Le cimetière sert parfois de cadre à des rituels vaudous.

LES BARRIÈRES ART DÉCO D'ALFÉREZ

Un artiste qui a combattu dans l'armée de Pancho Villa

Tad Gormley Stadium
City Park
5400 Stadium Drive
Tél. : 504-482-4888 · www.neworleanscitypark.com
Ouvert du mardi au jeudi de 10 h à 22 h, du vendredi au samedi de 10 h à 12 h;
fermé le lundi
Accès : Bus 91 Jackson/Esplanade

Bien que le Tad Gormley Stadium soit très populaire à La Nouvelle-Orléans, peu de ses visiteurs remarquent les personnages figurés sur ses grilles. Ces œuvres de l'artiste Enrique Alférez (1901-1999) méritent pourtant que l'on s'y attarde. Selon les critiques d'art, le travail d'Alférez peut être décrit comme idéaliste, démocratique et aisément compréhensible. Ce sont ces mêmes qualités que l'on retrouve dans les silhouettes métalliques de style Art déco qu'il a réalisées pour les grilles du stade : ces sculptures, disposées en séries de six, représentent des hommes et des femmes dans diverses postures inspirées de la pratique sportive. Ces silhouettes, initialement peintes en noir, ont récemment été restaurées à l'occasion de la rénovation du stade. Elles sont désormais de couleur or et leur aspect brillant permet, grâce à la lumière ambiante, de mieux en distinguer les détails. Construit en 1935, le Tad Gormley Stadium accueille traditionnellement les matchs de football des lycées de La Nouvelle-Orléans.

Le sport tenant une place importante dans le cursus secondaire des jeunes habitants de la ville, nombre de citoyens ont participé financièrement à sa rénovation : en guise de remerciement pour leur implication, leurs noms ont été gravés sur les sièges en aluminium des gradins. Au fil des années, ce centre sportif a servi de cadre à diverses manifestations : outre les compétitions d'athlétisme des Jeux olympiques de 1992, il a reçu les Beatles en 1964, a accueilli des rassemblements religieux et même, au cours de la Seconde Guerre mondiale, des campagnes de vente d'obligations de guerre animées par Dorothy Lamour, originaire de la ville.

Enrique Alférez, fils d'artistes mexicains, a combattu dans l'armée de Pancho Villa avant d'émigrer à Chicago pour étudier l'art puis, en 1929, de s'installer à La Nouvelle-Orléans.

HISTORIC NEW ORLEANS TRAIN GARDEN ⑦

Une étonnante maquette faite d'éléments végétaux

5 Victory Avenue
(au sein du New Orleans Botanical Garden)
Tél. : 504-483-9386
www.neworleanscitypark.com/in-the-park/train-garden
Ouvert tous les jours de 10 h à 17 h
Les trains sont moins nombreux le samedi et le dimanche
Accès : Tramway Canal-City Park / Museum ; bus 91, Jackson/Esplanade

Bien dissimulé dans un recoin du Botanical Garden, le Historic New Orleans Train Garden abrite un extraordinaire réseau de chemin de fer miniature, long de 400 mètres.

Cette maquette, réalisée au 1/22, traverse une reconstitution stylisée de La Nouvelle-Orléans de la fin du XIXe ou du début du XXe siècle. On y trouve ainsi les éléments les plus typiques de l'architecture résidentielle de la ville, notamment les demeures appelées « *camelbacks* », « *shotguns* » et « *double shotguns* », ainsi que les vieux chalets créoles. L'itinéraire est également ponctué de points de repère familiers, tels que le Lafitte's Blacksmith Shop, la cathédrale Saint-Louis, Lee Circle et les cimetières caractéristiques de la ville. Comme il se doit dans un jardin botanique, cette gigantesque maquette a été construite principalement à partir d'éléments végétaux.

Les principaux quartiers de la ville y sont représentés par leurs bâtiments les plus connus et, à chacun des arrêts du train miniature qui les parcourt, une notice explicative rappelle l'histoire des lieux.

Le Historic New Orleans Train Garden est l'œuvre de Paul Busse, réputé pour ce qu'il nomme lui-même les « botaniques mécaniques ». Architecte paysagiste de formation, Busse a créé plus d'une centaine de maquettes de ce type aux États-Unis. Ses réalisations les plus fameuses sont celles de Chicago et de New York (où les visiteurs se pressent chaque année par milliers, pour y découvrir le spectacle organisé à Noël).

Les bâtiments réalisés par Busse et son équipe, étonnamment réalistes, sont constitués de mousses, de brindilles, de feuilles, d'écorces, de tiges et de graines, qui sont ensuite recouvertes d'uréthane pour les protéger des intempéries.

Ainsi les rameaux de vigne se transforment-ils en ferronnerie ornementale, les écailles de pommes de pin en ardoises de toiture, les feuilles de raisinier en trottoirs pavés, tandis que les cosses de palmier deviennent des vérandas.

Chaque détail révèle la minutie de Busse et de son équipe : on remarque notamment que les petites fenêtres en plastique ont été enduites de résine, pour leur conférer l'aspect du verre d'antan.

Récemment, la maquette s'est enrichie de nouveaux édifices, notamment les grands magasins Maison Blanche et D.H. Holmes, dans le quartier de Canal Street. Contrairement aux créations les plus anciennes, celles-ci ne sont pas faites d'éléments végétaux.

COLOMBIER DE CAROL

Un dortoir pour pigeons

56 Dreyfous Drive, derrière le City Park Casino
Tél. : 504-482-4888 - www.neworleanscitypark.com
Ouvert tous les jours, de l'aube au crépuscule
Accès : Bus 91, Jackson/Esplanade ; tramway Canal, City Park/Musée

Depuis son implantation en 1928, de nombreux passants se sont sans doute interrogés sur la fonction de la structure hexagonale en brique, récemment repeinte, que l'on aperçoit derrière le City Park Casino. Pour en apprendre davantage, il faut emprunter le pont vétuste qui mène à la petite île sur laquelle ce curieux bâtiment a été érigé, et surtout connaître le nom de cet îlot peu fréquenté : Pigeon Island abrite en effet un pigeonnier. Ce type de structure, pourvue de petites ouvertures (appelées « boulins ») et de corniches haut perchées, permet aux oiseaux de nicher à l'abri de leurs prédateurs habituels, notamment les rats, les belettes et les renards.

Il est difficile d'estimer la popularité de cet édifice chez les pigeons de la ville. En effet, de nos jours, il apparaît vide, bien que quelques fientes témoignent d'un usage récent.

Dans le passé, les pigeonniers, aussi appelés « colombiers », étaient très répandus dans les campagnes européennes, et particulièrement françaises. Source de viande et d'œufs, ils permettaient en outre de récolter les déjections des oiseaux (la « colombine »), qui fournissent un engrais d'excellente qualité.

Sous l'Ancien Régime, en France, la possession d'un colombier constituait un privilège du seigneur haut justicier.

Pour les moins favorisés, le pigeonnier demeura un symbole cristallisant les rancœurs, jusqu'à la nuit du 4 août 1789, au cours de laquelle l'abolition de cette prérogative fut entérinée. Le pigeonnier est alors devenu la partie emblématique de l'habitat paysan, puisque sa construction signifiait la fin des droits seigneuriaux et permettait d'afficher un statut social jugé valorisant.

Les pigeonniers de City Park ont été construits par le notaire Felix J. Dreyfous (1857-1946), et offerts au parc en l'honneur de sa petite-fille, Carol Vera Dreyfous (1923-1990).

LE « CHÊNE DUELLISTE »

Le tumultueux passé de la ville

29591 Dreyfous Drive
www.duellingoaks.com
Accès : Tramway Canal-City Park ou bus 91 Jackson/Esplanade

À côté du Museum of Art, à quelques pas du Sydney and Walda Besthoff sculpture Garden, à City Park, un chêne âgé de plus de 300 ans rappelle l'époque romantique qui fit la réputation de La Nouvelle-Orléans.

À l'origine, deux chênes se tenaient côte à côte, et avaient été surnommés les « chênes duellistes » (*duelling oaks*) : c'était sous ces arbres que les messieurs de la ville venaient régler les « affaires d'honneur » qui les opposaient. À l'époque, des différends d'apparence mineure pouvaient se solder par un duel : outre les rivalités amoureuses et les divergences d'opinions politiques, on se battait volontiers pour soutenir son point de vue sur des questions aussi futiles que la qualité d'un opéra. On raconte même que l'un de ces duels opposa deux hommes pour le seul motif que l'un jugeait que la chaise de l'autre, au cours d'une soirée officielle, était trop proche de celle de sa fiancée.

L'engouement pour le duel était tel à La Nouvelle-Orléans que les combats singuliers y ont été plus nombreux que dans n'importe quelle autre ville d'Amérique. Ironiquement, les chênes eux-mêmes n'ont pas échappé à la tradition, qui voulait qu'un seul des protagonistes survive : en 1949, un ouragan a abattu l'un des arbres.

À l'époque où les duels étaient monnaie courante, City Park, qui se trouve à mi-chemin entre la place d'Armes (aujourd'hui Jackson Square) et l'embouchure du bayou Saint-Jean, constituait un endroit discret et isolé permettant d'occire son prochain en toute tranquillité. L'une des personnalités de La Nouvelle-Orléans, Bernard de Marigny, aurait participé à 19 duels au cours de sa vie. Un autre citoyen aurait combattu une dizaine de fois en un an. Selon le journal local *Times-Democrat*, pas un jour ne se serait écoulé sans duel entre 1834 et 1844.

Cette pratique a été interdite en 1855, mais la tradition, quoique moins vivace après cette date, ne s'est éteinte que 35 ans plus tard : le dernier duel attesté à La Nouvelle-Orléans date de 1890.

Un cimetière privé pour les victimes d'un célèbre duelliste

Le célèbre duelliste Don José « Pepe » Llulla fit tant de ravages que l'on raconte qu'il possédait son propre cimetière pour inhumer ses victimes. Ce cimetière est aujourd'hui connu sous les deux noms de St. Vincent de Paul Cemetery et de Louisa Street Cemetery.

CÉRÉMONIE DE « LAVAGE DE LA TÊTE » À LA FÊTE DE LA SAINT-JEAN D'ÉTÉ

La fête la plus importante du calendrier « voodoo »

Magnolia Bridge sur le Bayou Saint-Jean, à hauteur de Harding Drive
La cérémonie se tient chaque 23 juin à 19 h
Accès : Tramway Canal-Museum ; bus 91, Bus Jackson/Esplanade ; bus 90, Carrolton

Chaque 23 juin au soir, la petite passerelle de Magnolia Bridge, qui enjambe le Bayou Saint-Jean, est le théâtre d'une cérémonie religieuse insolite, dont les origines remontent, au moins, à 1719. Les adeptes du « voodoo » de La Nouvelle-Orléans s'y rassemblent alors, vêtus de blanc, pour célébrer la date la plus importante de leur calendrier religieux. La fête de la Saint-Jean d'été est consacrée aux esprits voodoo les plus puissants, et à celle qui fut leur grande prêtresse, Marie Laveau (1801-1881). Cette cérémonie, appelée « *St. John's Eve Head Washing* » (littéralement « lavage de tête de la Saint-Jean »), s'apparente à un baptême.

À cette occasion, les fidèles se rassemblent par centaines sur la passerelle, autour d'une grande statue de Marie Laveau et d'un vaste autel qui, à la fin de la cérémonie, finit par disparaître sous les offrandes. Cette tradition, datant du début du XVIIIe siècle au moins, fut perpétuée par Laveau elle-même, sur les rives du bayou qui porte le nom de Saint-Jean le Baptiste.

Les croyants s'entassent alors autour de la statue de la prêtresse, sous la conduite d'un disciple qui, muni d'une machette, est censé ouvrir un passage vers l'au-delà.

Sallie Ann Glassman, la grande prêtresse actuelle (dont les pratiques sont plus proches du vaudou haïtien que ne l'étaient celles de Marie Laveau), a ranimé cette tradition à la fin du XXe siècle. Elle préside désormais à la cérémonie, qui comprend des chants, des tambours et des présentations d'offrandes, sous les regards des curieux qui se massent le long du bayou, ou qui s'y rendent en kayak et canoë. La fête, en effet, est ouverte à tous, pour autant que les visiteurs se conduisent de manière respectueuse.

Les offrandes au monde des esprits font partie intégrante de la pratique du voodoo. Elles sont adressées à Lwa, un puissant esprit de l'au-delà, censé assurer un an de bien-être à ses fidèles. Elles consistent principalement en plats créoles, en fleurs, en gris-gris, en bougies bleues et blanches, en eau de Floride et en matériel de coiffure – car Marie Laveau était créole, et coiffeuse de profession.

Lorsque tombe la nuit, Sallie Ann Glassman prépare un mélange de fleurs, de fruits (notamment des fraises et des dattes), et un gâteau à la noix de coco. L'ensemble est ensuite mixé pour être appliqué sur la tête des fidèles, et recouvert d'un foulard blanc qui sera conservé jusqu'au matin suivant. La cérémonie s'achève par une procession menée par Glassman, tandis que la foule chante « *Aiyobo* » – l'équivalent de « Amen ».

LA BOUCHE D'INCENDIE
LA PLUS ANCIENNE
DE LA NOUVELLE- ORLÉANS

De l'eau pompée directement du bayou pour
combattre les incendies

Coin de Moss Street et de Grand Route St. John Street
Accès : Bus 91 Jackson/Esplanade, ou tramway City Park

Au coin de Moss Street et de Grand Route St. John Street, à quelques pas du Bayou Saint-Jean, une ancienne bouche d'incendie, très oxydée, témoigne des progrès considérables que la lutte contre le feu a connus pendant la seconde moitié du XIXᵉ siècle.

Fabriquée en 1869 à Lockport (État de New York), cette bouche d'incendie Birdsill Holly est la plus ancienne de La Nouvelle-Orléans.

Ce n'est qu'à la fin du XIXᵉ siècle que la ville fut dotée d'un réseau public d'alimentation en eau. On peut donc supposer que cette bouche d'incendie était approvisionnée par le Bayou Saint-Jean, tout proche : mise sous pression grâce au système Holly, l'eau du bayou permettait de combattre efficacement les incendies des environs, car les pompiers pouvaient installer leur matériel au plus près des flammes.

Tout au long de sa carrière, Birdsill Holly Jr. (1820-1894) fut un inventeur particulièrement fécond (seul son ami Thomas Edison déposa davantage de brevets que lui) spécialisé dans les machines à vapeur et les pompes hydrauliques. Ses découvertes ont révolutionné la lutte contre le feu, à tel point qu'on le crédite parfois d'avoir inventé la bouche d'incendie (bien que d'autres systèmes, similaires mais moins performants, aient existé avant ses travaux).

Les inventions de Holly connurent un succès considérable, grâce à leur efficacité alors inégalée : plus de 2 000 villes américaines et canadiennes finirent par se doter de ses fameuses bouches d'incendie.

Dès le début, le président de la Holly Company ne doutait pas de la qualité de ses installations : la société promettait même d'indemniser quiconque n'aurait pas fait d'économies sur son assurance incendie grâce à l'implantation des systèmes Holly.

Cependant, certaines villes tardèrent à se doter de ces bouches d'incendie : ce n'est qu'après le « grand incendie » de 1871 que Chicago adopta le système Holly, dont le brevet datait pourtant de 1869.

MUSIC TREE

Un totem pour la renaissance de La Nouvelle-Orléans

Sur la rive du Bayou Saint-Jean, à proximité de l'intersection de Moss Street
et d'Orleans Avenue
Accès : Tramway Canal ou bus 91, Jackson/Esplanade

À l'extrémité méridionale du Bayou Saint-Jean, un chêne mort a été transformé en sculpture par l'artiste Marlin Miller, dont les œuvres sont disséminées partout aux États-Unis. Pour réaliser le *Music Tree* (« arbre à musique ») de La Nouvelle-Orléans, cet expert de la tronçonneuse a travaillé le tronc de l'arbre pour y sculpter un clavier, un violon, une guitare et un pélican. Quant aux branches les plus minces, au sommet de l'arbre, elles ont été décorées de représentations d'oiseaux en vol.

La technique de Miller ne se limite pas à la sculpture : après cette première étape, le bois est passé au chalumeau pour lui conférer une teinte sombre mettant en valeur les motifs incisés. Enfin, Miller applique un vernis spécial et un traitement contre les termites, qui assurent la pérennité de ses œuvres.

Très sollicité, Miller a établi une liste de critères pour sélectionner les arbres qu'il accepte de décorer : le bois doit être suffisamment dense,

l'arbre doit appartenir au domaine public et se trouver dans un lieu très fréquenté. Enfin, l'arbre en question doit dégager « une certaine émotion ». Selon l'artiste, le chêne du Bayou Saint-Jean a satisfait à toutes ses exigences.

Cet arbre, qui avait survécu aux ravages de Katrina, a été frappé par la foudre en 2012, lors du passage de l'ouragan Isaac.

L'œuvre de Miller a été commandée par les organisateurs du Bayou Boogaloo, un festival de musique et d'art de quartier, qui souhaitaient attirer l'attention du public sur la nécessité de replanter des arbres le long du bayou. C'est d'ailleurs à cette cause que les recettes du festival ont été versées.

Un week-end par an, les rives du bayou accueillent un festival de musique gratuit : à cette occasion, le *Music Tree* fait naturellement figure de totem.

GALERIE D'ART DU 3127 PONCE DE LEON STREET

Une galerie d'art qui n'a pas de nom

3127 Ponce de Leon Street
Accès : bus 90, Jackson/Esplanade

Sur Ponce de Leon Street, à hauteur du numéro 3127, une porte vitrée dépourvue d'inscription permet aux passants d'admirer des œuvres d'art qui demeurent énigmatiques : non seulement cette galerie n'a pas de nom, mais elle ne se visite pas non plus.

C'est à la créativité du musicien local Joe Cabral, membre du groupe populaire The Iguanas, que l'on doit ce curieux concept. Ce local ayant été mis à sa disposition par l'un de ses amis, Cabral l'utilisa d'abord pour entreposer des meubles qu'il vendait sur le site de petites annonces Craigslist. L'idée lui vint ensuite d'y installer une galerie d'un genre nouveau.

Au cours d'une visite à l'association Habitat for Humanity International, il remarqua plusieurs cubes de couleur jaune, qui l'inspirèrent pour monter sa première exposition : il eut alors l'idée de disposer 28 de ces cubes jaunes selon un schéma qu'il modifierait régulièrement (Cabral nomme ces changements des « itérations »).

Au fil du temps, les passants commencèrent à s'interroger sur la vocation de cette curieuse exposition, qu'une main invisible ne cessait de transformer. Satisfait d'avoir réussi à capter l'attention des habitants du quartier, Cabral commença à réfléchir à d'autres projets.

Son « itération » suivante mit en scène des caisses en contreplaqué fabriquées par un artiste local, et suscita autant de curiosité que la précédente.

L'étape suivante fut de couper l'espace en deux dans le sens de la hauteur, grâce à une structure métallique : le mystère entourant la galerie s'épaissit encore, puisque ce nouvel aménagement avait condamné la porte du local.

La galerie a ensuite exposé les œuvres d'un autre artiste, avant que Cabral ne décide d'y installer une nouvelle structure, faite de tiges de bambou provenant de son propre jardin.

Depuis lors, les compositions de Cabral n'ont cessé de se succéder dans cette galerie sans nom. Avec fierté et enthousiasme, l'artiste affirme que ses œuvres se prêtent à toutes les interprétations : « Elles signifient ce que vous voulez qu'elles signifient », a-t-il déclaré.

MANOIR DE LULING

La plus belle maison du Sud

1436 Leda Court
Résidence privée fermée au public
Accès : Bus 91, Jackson/Esplanade ou tramway Canal-Museum

En quittant les rives du Mississipi pour City Park, le visiteur ne peut manquer de remarquer les belles demeures, âgées de plus d'un siècle, qui s'élèvent à l'extrémité d'Esplanade Avenue. La plus belle d'entre elles, cependant, ne peut être admirée que par ceux qui en connaissent déjà l'existence. Cet imposant manoir, conçu par le célèbre architecte James Gallier Jr., a été construit en 1865 pour le magnat du coton Florence Luling, qui dépensa alors la somme faramineuse de 24 000 $ (ce qui équivaudrait de nos jours à plusieurs millions). Depuis l'époque de sa splendeur, la « Luling Mansion » a été transformée en un immeuble d'habitation, hélas médiocrement entretenu de nos jours. Toutefois, cette demeure conserve une part de son prestige d'antan : ses balcons, ses galeries, ses fenêtres et le grand escalier qui conduit à la porte d'entrée n'ont pas changé, et dominent encore une jolie pelouse qui, à l'époque, donnait sur Esplanade Avenue. Conçue sur le modèle d'un palais de la Renaissance italienne, cette propriété de 32 hectares, dotée d'un lac, fut longtemps considérée comme la plus belle du Sud. Cependant, peu après leur emménagement, les Luling connurent une terrible tragédie, lorsque leurs deux fils se noyèrent dans le Bayou Saint-Jean. Ils quittèrent alors La Nouvelle-Orléans, cédant leur propriété au Louisiana Jockey Club, qui venait d'acheter le Creole Racetrack adjacent (l'année suivante, en 1872, le club ouvrit le Fair Grounds Racetrack).

À partir de cette époque, le Jockey Club, qui organisait à grands frais banquets, mascarades et cocktails, devint l'une des destinations favorites des privilégiés de ce monde, parmi eux Ulysses S. Grant, Edgar Degas et le grand-duc Alexis de Russie.

Toutefois, les coûts d'entretien du manoir devenant insupportables, le Jockey Club vendit la propriété en 1905. La bâtisse fut alors convertie en huit appartements.

Aujourd'hui, la demeure a perdu de sa superbe : certaines de ses dépendances ont disparu, et la majeure partie de son immense domaine a été divisée en lots résidentiels, qui la dissimulent désormais aux passants. Quoi qu'il en soit, le manoir lui-même a peu changé, et rappelle aux curieux les fêtes qu'il hébergea, à l'époque où il faisait encore figure de « plus belle maison du Sud ».

RESIDENCE ON ESPLANADE AVE. NEW ORLEANS, LA.

LE CHÊNE CHANTANT

Le plus grand carillon éolien d'Amérique

Près du Big Lake de City Park, non loin de l'intersection de Lelong Avenue et de Wisner Boulevard
www.neworleanscitypark.com
Accès : tramway Canal, City Park/Museum ; Bus 91 Jackson/Esplanade ; Bus 90 Carrolton

Situé dans le John S. McIlhenny Meadow, du côté oriental du Big Lake de City Park, *Le Chêne chantant* est une œuvre étonnante, constituée de sept carillons éoliens suspendus dans un arbre âgé de 180 ans.

Lorsque le vent souffle à travers les branches, les carillons (dont le plus grand mesure 4,27 mètres, et le plus petit 76,20 centimètres) transforment en musique la brise descendant du bayou Saint-Jean, qui constitue l'une des limites du parc. Ces carillons sont peints en noir pour se fondre dans l'ombre naturelle du feuillage, et jouent selon la gamme pentatonique majeure, prédominante dans la musique traditionnelle d'Afrique occidentale (qui a inspiré les styles musicaux du negro spiritual, du gospel, du jazz, du blues et même du rock'n'roll).

Pendant l'ouragan Katrina, la rupture des digues entretenues par le gouvernement fédéral a inondé le parc, endommageant ou détruisant quantité d'arbres. Ces carillons, réalisés par l'artiste Jim Hart, ont été installés dans l'un des chênes qui ont survécu à la catastrophe.

City Park est le septième parc urbain le plus visité des États-Unis, et possède les plus anciens chênes de l'espèce *Quercus virginiana* au monde (certains d'entre eux seraient âgés de 900 ans).

Le *Quercus virginiana* est une espèce endémique dans le sud des États-Unis : on le trouve de la Virginie à la Floride, ainsi que le long du golfe du Mexique. Il est omniprésent à La Nouvelle-Orléans, où les urbanistes l'ont planté par centaines en bordure des boulevards de la ville.

City Park possède toutefois le seul exemplaire de *Quercus virginiana* qui soit capable de chanter. Cet arbre unique procure ainsi aux passants quelques instants de sérénité, et constitue un agréable lieu de rencontre, de pique-nique, ou simplement de méditation.

LA FONTAINE
THE WAVE OF THE WORLD

Le retour d'une œuvre d'art égarée pendant trente ans

*Sur la rive du Big Lake de City Park, près de l'intersection de Lelong Drive
et de Wisner Boulevard
www.neworleanscitypark.com
Accès : Tramway Canal City Park/Museum ou bus 90 Jackson/Esplanade,
bus 91 Carrolton*

Exposée parmi les roseaux, au bord du Big Lake de City Park, la fontaine nommée *The Wave of the World* (La Vague du Monde) est l'œuvre de la célèbre artiste américaine Lynda Benglis. À bien des égards, l'étonnante histoire de cette fontaine rappelle le roman humoristique de John Kennedy Toole, *La Conjuration des imbéciles* (*A Confederacy of Dunces*, 1980), très populaire à La Nouvelle-Orléans.

En effet, bien que cette œuvre ait d'abord connu un vif succès (elle a même traversé l'Atlantique, pour être brièvement exposée devant un casino monégasque), un fâcheux concours de circonstances l'a dissimulée aux regards pendant plusieurs décennies.

Lauréate d'un concours organisé à l'occasion du New Orleans World Fair de 1984 sur le thème « L'eau douce comme source de vie », la fontaine de Lynda Benglis a été achetée par l'homme d'affaires Carl Eberts pour la somme de 100 000 $ (auxquels s'ajoutaient 15 000 $ pour financer la présentation de l'œuvre au public). Toutefois, le nouvel acquéreur n'ayant pas trouvé d'endroit où exposer la fontaine, celle-ci fut donnée à la ville de Kenner qui, à son tour, ne sut quoi en faire : l'œuvre fut alors remisée, pendant trente ans, dans une cour attenante à l'usine de traitement des eaux usées de la ville.

Selon Mike Quigley, directeur administratif de Kenner, « personne ne savait ce que c'était », et on ignorait même comment cette fontaine était arrivée là. Mais ce mystère est à présent éclairci : on sait aujourd'hui que Kenner avait été suggérée à Carl Eberts par son beau-frère, qui avait été maire de la ville, avant de devenir président du Conseil paroissial de Jefferson. Et, si les autorités de Kenner n'ont pas été averties du transfert de la fontaine, c'est que le beau-frère d'Eberts purgeait, à ce moment-là, une peine de prison.

Aussi, Mike Yenni, maire de Kenner, a-t-il avoué que personne ne savait alors quelle était la valeur de l'œuvre… qui est à présent estimée à un million de dollars.

C'est à Lynda Benglis elle-même que l'on doit d'avoir finalement retrouvé la fontaine : avec le concours d'une équipe d'avocats, d'un marchand d'art local et du conservateur du New Orleans Museum of Art, l'artiste a pu récupérer et restaurer son œuvre. Grâce au soutien de la Helis Foundation, la fontaine a finalement pu trouver, au bord du Big Lake de City Park, un cadre à sa mesure.

LA POPP FOUNTAIN

Un jet d'eau de 9 mètres de haut

12 Magnolia Drive
Tél. : 504-482-4888
www.neworleanscitypark.com
Ouvert de 10 h à 22 h
Accès : Bus 45 Lakeview (transport en commun le plus proche)

Dans un recoin méconnu du nord de City Park, la *Popp Fountain* s'efforce, par le bruit de son jet d'eau, d'atténuer le tumulte des automobiles qui se pressent sur l'Interstate toute proche.

Cette fontaine circulaire de 18 mètres de diamètre fut construite en 1937 par la Work Projects Administration (active de 1935 à 1943). Entourée de 26 colonnes corinthiennes reliées entre elles par un treillis de feuillage, la *Popp Fountain* a connu une histoire chaotique. Pourtant, de nos jours, le parc de presque 5 hectares dans lequel elle se trouve a été entièrement rénové et planté d'espèces endémiques, qui ont apporté à ce monument un environnement propice à la méditation. De plus, la construction toute récente d'une structure nommée Arbor Room, très prisée pour l'organisation de mariages, a contribué à remettre en valeur la *Popp Fountain*.

Cette dernière se distingue par ses représentations de dauphins sautant vers un lotus en métal, conçu par Enrique Alférez, et propulse des jets d'eau qui atteignent 9 mètres de hauteur.

Récemment restaurée, la *Popp Fountain* demeure toutefois méconnue du plus grand nombre.

C'est en 1929 que Rebecca Grant Popp et sa sœur Isabel décidèrent de consacrer la somme de 25 000 dollars à cette fontaine, construite à la mémoire du mari de Mme Popp, décédé prématurément. Le plan original de ce monument a été conçu par les frères Olmstead en 1929.

De la sorcellerie dans la fontaine

Dans les années 1970, la fontaine était négligée et ne disposait d'aucune protection. Elle fut donc mise à profit par une sorcière locale, qui y tint régulièrement ses rituels : Mary Oneida Toups y a longtemps officié, dirigeant ses réunions de sorcellerie pour le compte de son mouvement spirituel nommé « l'Ordre religieux de sorcellerie » (l'État de Louisiane finit d'ailleurs par reconnaître ce courant comme une « église »). Mary Oneida Toups est décédée en 1981. Mais, selon la rumeur, des « choses étranges » se produiraient encore à la *Popp Fountain*.

LABORDE MOUNTAIN

L'actuel point culminant de La Nouvelle-Orléans

Sur Harrison Avenue, à proximité de Marconi Avenue, dans Couturie Forest
www.neworleanscitypark.com
Ouvert de l'aube au crépuscule
Accès : Bus 45, Lakeview ou bus 91, Jackson/Esplanade (points d'accès les plus proches)

L a petite éminence pompeusement appelée Laborde Mountain (la « montagne Laborde »), haute de 13 mètres seulement, constitue l'actuel point culminant de La Nouvelle-Orléans.

Pour la découvrir, il convient de pénétrer dans Couturie Forest par le sentier qui commence au parking de Harrison Avenue, et de prendre à gauche au premier embranchement. Quelques mètres plus loin se trouve le Laborde Lookout (littéralement : « poste de guet Laborde »), où se situait autrefois une plate-forme faite de tronçons de cyprès disposés en mosaïque. Il n'en reste aujourd'hui qu'une grille métallique, jouxtant un banc en demi-cercle maculé de graffitis et vandalisé à de nombreuses reprises.

Aussi le lieu n'est-il guère pittoresque. Quant à la vue qu'il offre, elle n'a guère d'intérêt, puisque la « montagne » est moins haute que les arbres qui l'entourent.

Toutefois, le Laborde Lookout donne accès à d'autres sentiers, qui traversent la forêt et les huit écosystèmes qu'elle abrite.

La Nouvelle-Orléans, bien connue pour son absence de relief, a été partiellement construite sous le niveau de la mer : ainsi s'expliquent les ravages causés par le passage de l'ouragan Katrina en 2005. Et, avant l'édification du Laborde Lookout (voir l'encadré ci-dessous), le point culminant de la ville ne dépassait pas 4,50 mètres d'altitude : il s'agissait de Monkey Hill (la « colline du Singe »), construite à Audubon Park dans les années 1930, à l'initiative de la Civil Works Administration (CWA).

Si Couturie Forest mérite une visite, c'est que cette réserve naturelle de 24 hectares, sillonnée de sentiers et de voies navigables, constitue un refuge pour la faune. Elle est particulièrement réputée pour la grande variété des oiseaux qui l'habitent. Aménagée par la WPA en 1938, elle a beaucoup souffert du passage de l'ouragan Katrina, et d'ambitieux travaux ont été nécessaires pour lui rendre son charme originel.

Une colline artificielle

Laborde Mountain est une colline artificielle, constituée de matériaux de remblai prélevés sur le chantier de construction de l'interstate 610, dans les années 1960-1970. Comme le Laborde Lookout, elle porte le nom d'Ellis P. Laborde, qui fut longtemps le directeur général du City Park.

ASHTRAY HOUSE

⑲

Une maison ornée de 1 200 cendriers en verre

28 Park Island Drive
Résidence privée fermée au public
Accès : Bus 51, St. Bernard-St. Anthony

Nichée au creux d'un méandre du Bayou Saint-Jean, l'extraordinaire maison du 28 Park Island Drive n'est accessible que par une passerelle sur laquelle la majeure partie des habitants du voisinage ne s'aventure jamais.

L'aspect insolite de cette demeure tient à sa décoration extérieure : environ 1 200 cendriers en verre teinté, de couleur ambre, ont été enchâssés dans le crépi de ses murs.

Cette étonnante maison est l'œuvre du célèbre architecte Albert Ledner, chantre du « modernisme organique ». Après l'obtention de son diplôme à l'université de Tulane, Ledner a suivi les enseignements de Frank Lloyd Wright à Taliesin, et s'est lancé dans l'architecture à son compte en 1949.

Depuis lors, les travaux de Ledner ont connu un vif succès : ses conceptions novatrices et créatives ont été mises en œuvre dans de nombreux bâtiments de La Nouvelle-Orléans. Ledner sut s'adapter aux goûts de ses clients (par exemple en utilisant, pour un amateur de cocktails de Park Island, des bouteilles de Cointreau comme élément décoratif). Il a également conçu plusieurs édifices situés ailleurs aux États-Unis, notamment ceux de la National Maritime Union à New York, dont l'un a été transformé en hôtel en 2003.

Par ailleurs, la famille d'Albert Ledner a aussi contribué à la création d'une spécialité devenue typique de La Nouvelle-Orléans. Pendant la Grande Dépression, sa mère, prénommée Beulah, possédait une boulangerie dans laquelle elle recréa un gâteau d'origine hongroise, la *dobostorta* : constitué d'une alternance de couches de génoise et de chocolat, ce dessert fut rapidement adopté sous le nom de « *Doberge cake* ».

Jusqu'en 2012, Ashtray House fut la résidence de C. Ray Nagin, qui exerçait la fonction de maire de La Nouvelle-Orléans lorsque l'ouragan Katrina ravagea la ville. Devenu tristement célèbre après la catastrophe, Nagin s'était également fait remarquer pour ses opinions affichées en matière de ségrégation raciale, et pour son singulier manque d'efficacité au cours de son deuxième mandat municipal. En près de trois siècles, aucun autre maire de la ville n'a été, comme lui, inculpé et condamné pour corruption. Ce sont les coûts de la procédure judiciaire engagée contre lui, ainsi que les frais de son procès qui ont conduit l'ancien maire à vendre sa résidence de Park Island.

HIGGINS HOUSE

Le « Thermo-Con », un matériau révolutionnaire

30 Tern Street
Résidence privée fermée au public
Accès : Bus 45, Lakeview

Au cœur du quartier de Lakeshore/Lake Vista, la grande villa
blanche du 30 Tern Street témoigne d'un ambitieux projet architectural de l'après-guerre, qui n'a jamais connu le succès escompté par
ses promoteurs.

Construite en 1949 pour l'entrepreneur Andrew Higgins (1886-1952), cette demeure de style international fut bâtie en « Thermo-Con », un matériau inventé par Higgins lui-même et breveté par la société Higgins Resources, de La Nouvelle-Orléans.

Constitué d'un mélange de ciment Portland, d'eau, de paillettes d'aluminium, de soude caustique et d'une émulsion bitumineuse, en « Thermo-Con » était coulé dans un moule dans lequel il « levait », à la manière d'une pâte à gâteau. Sa grande polyvalence et ses nombreuses qualités le désignaient comme un matériau de construction idéal : résistant au feu, à l'humidité et à la vermine, il constituait aussi un excellent isolant thermique, et se travaillait aussi facilement que du bois.

Ces caractéristiques prometteuses ont rapidement intéressé l'armée américaine, confrontée dans l'après-guerre à une pénurie de logements. Cependant, bien que plusieurs maisons témoins en « Thermo-Con » aient été construites, ce projet n'a jamais abouti. Aussi ne demeure-t-il aujourd'hui qu'un petit nombre de ces structures expérimentales (l'une d'entre elles, située à Fort Belvoir en Virginie, sert encore à loger des personnalités de passage).

En dépit de l'échec commercial du « Thermo-Con », les propriétés de ce composite en matière d'isolation et de pérennité ont satisfait l'ensemble des occupants de la Higgins House depuis 1949.

La maison a récemment fait l'objet d'une minutieuse rénovation, à la lumière des plans originaux de ses architectes, Edward Sporl et Murvan Maxwell. Autant que possible, ces travaux ont mis en œuvre les matériaux d'origine, et les éléments les plus remarquables de la décoration intérieure (notamment les portes en acajou et l'escalier intérieur à double révolution) ont été restaurés. Le bar de la maison a également été préservé : il avait été réalisé par Higgins à partir de la poupe d'une péniche de débarquement utilisée en Normandie.

Durant la Seconde Guerre mondiale, la société Higgins Industries, basée à La Nouvelle-Orléans, a produit des péniches de débarquement (les « *Higgins Boats* ») dont l'efficacité a largement contribué au succès de l'offensive alliée du jour J. À l'issue du conflit, le général Dwight D. Eisenhower a salué en Andrew Higgins « l'homme qui a gagné la Seconde Guerre mondiale ».

LE FORT ESPAGNOL

La « Coney Island du Sud »

Beauregard Avenue, à quelques pas de l'intersection des boulevards Robert E. Lee et Wisner
Accès : Bus 47 Cemeteries

Situées dans un quartier agréable et cossu, tout près de l'intersection des boulevards Robert E. Lee et Wisner, les ruines du *Spanish fort* constituent l'endroit idéal pour pique-niquer. Peu connaissent cependant l'histoire de cette construction, dont il ne subsiste aujourd'hui que quelques briques, une plaque et une tombe isolée.

Le premier fort (le fort Saint-Jean) a été construit par les Français en 1701, à l'emplacement où Bienville et Iberville avaient installé leur campement en 1699, 19 ans avant la fondation de la ville.

L'endroit était stratégique, car il se trouvait à la confluence du bayou Saint-Jean et du lac Pontchartrain : le bayou Saint-Jean a constitué une voie essentielle au commerce local jusqu'au milieu du XXᵉ siècle (le bayou a été vidé en 1955).

Aussi les puissances qui ont exercé le contrôle de la Louisiane après le départ des Français en 1763 ont-elles pris le soin d'entretenir le fort : ce furent d'abord les Espagnols en 1779 (le site fut alors appelé « *San Juan del Bayou* »), puis les Américains à partir de 1808 ; ce sont ces derniers qui fixèrent son nom actuel de « *(Old) Spanish fort* ».

Peu après les rénovations américaines, les abords du fort commencèrent à attirer les habitants de la ville, qui venaient y goûter une relative fraîcheur. Il est rapidement devenu un lieu de loisirs très prisé, comprenant un hôtel de luxe, plusieurs restaurants raffinés, une salle de bal, un casino et un parc d'attractions. De 1823 au début du XXᵉ siècle, l'endroit demeura ainsi très couru, et la présence occasionnelle de personnalités telles que Oscar Wilde, Ulysses S. Grant et William Makepeace Thackeray lui conférèrent le surnom de « Coney Island du Sud ».

Au début de la guerre de Sécession, alors que les Confédérés avaient installé une garnison dans le fort, l'inventeur Horace Lawson Hunley y a construit le premier submersible (le « bateau-torpilleur »). Trois soldats périrent dans le naufrage de ce prototype, mais Hunley ne se découragea pas : en 1864, dans la baie de Charleston, le CSS *H. L. Hunley* fut le premier sous-marin à couler un navire ennemi.

Les chênes moussus du fort sont auréolés d'histoires de fantômes. L'une d'elles raconte qu'un officier espagnol, du fond de l'unique tombe du site, pleure chaque nuit la perte de son grand amour. Une autre évoque la pendaison d'un esclave, qui serait visible au clair de lune depuis un point précis.

STATUE LOUP GAROU

(22)

« Absolument sans complexes, honnête, grossière, laide et puissante »

2000 Lakeshore Drive
Tél. : 504-280-6000
www.uno.edu
Accès : Bus 52, St. Bernard-Paris ou bus 55, Elysian Fields

Il peut sembler étonnant qu'une statue en béton de près de 104 tonnes et de 10 mètres de hauteur puisse demeurer méconnue. C'est pourtant le cas de l'œuvre de Peter Lundberg, nommée *Loup Garou*, qui se dresse sur le campus de l'université de La Nouvelle-Orléans (UNO), en face de la Fine Arts Gallery.

En effet, l'UNO est implantée sur le lac Pontchartrain, et ne fait donc pas partie des lieux les plus visités de la ville. De plus, cette œuvre gigantesque se trouve dans une impasse nichée dans l'un des secteurs les moins fréquentés du campus.

Pour créer cette étonnante structure (qualifiée par un professeur d'art d'« absolument sans complexes, honnête, grossière, laide et puissante »), Lundberg a creusé un trou dans la cour d'une ancienne usine de mélasse de Bywater, et l'a comblé avec des barres d'armature, des pneus, des câbles industriels et des débris divers, sur lesquels il a déversé une grande quantité de béton. Après séchage, cet agglomérat fut extrait du trou par une grue.

La sculpture fut d'abord installée à City Park, près du New Orleans Museum of Art, mais le terrain s'y révéla trop meuble pour supporter une telle charge. Elle fut donc déplacée à l'UNO, où la même difficulté

se présenta… Il fallut donc aménager de solides fondations avant de l'installer à l'emplacement qu'elle occupe aujourd'hui.

On estime que les travaux nécessaires pour déplacer, par trois fois, cette statue ont coûté quelque 145 000 $, ce qui équivaut à la valeur de l'œuvre elle-même, estimée à 150 000 $.

Lundberg a également changé trois fois le nom de sa création : initialement appelée *Mississippi Gateway*, elle est devenue *Mississippi Passage*, puis *Loup Garou*, après que l'artiste, qui avait coutume de donner à ses sculptures des noms de créatures mythologiques, a découvert la légende du loup-garou de Louisiane.

STATUE DU *ROI LEAR*

Le sombre regard du Roi Lear

2000 Lakeshore Drive
Tél. : 504-280-6000
www.uno.edu
Accès : Bus 55, Elysian Fields

L a statue du *Roi Lear* qui se dresse devant le Performing Arts Building de l'université de La Nouvelle-Orléans (UNO) est assurément l'une des œuvres d'art les moins connues de la ville. Haute de 6 mètres, elle est constituée de fibre de verre, de mousse plastique et d'acier.

Le campus de l'UNO, tout proche du lac Pontchartrain, n'est guère fréquenté que par ceux qui y travaillent, ce qui explique le peu de notoriété de cette œuvre, en dépit de sa grande taille.

La statue représente le Roi Lear dans une posture méditative : le regard sombre, il contemple ses doigts et semble réfléchir intensément.

Avant d'être prêtée au campus de l'UNO, cette œuvre a été exposée à Washington et à Chicago. Elle a été réalisée par le sculpteur John Seward Johnson II, petit-fils de Robert Johnson (fondateur de la multinationale Johnson & Johnson), et a été acheminée à La Nouvelle-Orléans par camion en deux morceaux, au mois de septembre 2011.

Parmi les œuvres de Johnson, les plus connues sont sans doute ses statues de bronze réalisées à partir de moulages d'êtres humains et peintes en trompe-l'œil. Une autre de ses créations, intitulée *The Awakening* (« *L'Éveil* »), a retenu l'attention de la critique. Cette sculpture, réalisée en 1980, constitue la plus grande de ses œuvres, et représente un géant tentant de s'extraire des entrailles de la Terre.

En 1982, Johnson créa également la statue nommée *Double Check* (« *Revérification* »), figurant un homme d'affaires inspectant le contenu de son porte-documents. Initialement installée en face du World Trade Center, à New York, elle fut photographiée après les attentats du 11 septembre 2001, gisant au milieu des décombres. Ces images, diffusées dans le monde entier, ont contribué à faire de cette œuvre un symbole. Restaurée et installée au parc Zuccotti en 2006, elle fut utilisée en 2011 par les membres du mouvement Occupy Wall Street, qui y accrochèrent leurs messages revendicatifs.

MISSION NOTRE-DAME DE LA VANG ㉔

Une carte postale vietnamienne

Our Lady of La Vang Church
6054 Vermillion Boulevard
Tél. : 504-283-0559
www.lavangshrine.net
Accès : Bus 55, Elysian Fields ou bus 51, St. Bernard-St. Anthony

Située dans un quartier ouvrier ravagé par l'ouragan Katrina en 2005, Our Lady of La Vang Church est un sanctuaire étagé de style vietnamien : il abrite une statue de Notre-Dame de La Vang, surmontant un autel surélevé placé au-dessus de deux bassins circulaires à gradins. Chaque année, le jour de la fête des Mères, on y célèbre le Festival de Notre-Dame de La Vang.

Ce monument et le site qui l'entoure évoquent une carte postale vietnamienne : les horaires des messes, comme la plupart des informations destinées aux fidèles, y sont indiqués en vietnamien. Our Lady of La Vang, cependant, n'est pas la seule église fondée à La Nouvelle-Orléans par la communauté qui, depuis la réunification du Viêt Nam en 1976, a fui le régime communiste (de nos jours, il existe d'ailleurs plus de 20 églises catholiques dédiées à Notre-Dame de La Vang aux États-Unis). La Nouvelle-Orléans, dont le climat est similaire à celui du Viêt Nam, et où l'industrie de la pêche est florissante, a naturellement attiré de nombreux Vietnamiens. De plus, dès le début de cette vague d'immigration, l'archevêque de La Nouvelle-Orléans, Philip Hannan, a mobilisé plusieurs associations catholiques en faveur des réfugiés, alors regroupés à Fort Chaffee dans l'Arkansas. Ses efforts ont rapidement permis d'installer plus de 1 000 familles à La Nouvelle-Orléans. Ainsi, alors que la ville n'avait quasiment pas d'habitants d'origine vietnamienne en 1974, cette communauté compte aujourd'hui plus de 15 000 membres. Les Vietnamiens se sont remarquablement intégrés à La Nouvelle-Orléans. L'un d'eux, Joseph Cao, est même devenu membre du Congrès en 2008.

Un arbre de la jungle et l'apparition de la Vierge Marie

Originaire de l'ancien Annam, la légende de Notre-Dame de La Vang remonte à 1798. L'empereur Can Trinh venait alors d'interdire la religion catholique, contraignant un groupe de paysans à se réfugier dans la « forêt de la Pluie » à La Vang, dans les montagnes. Ces fidèles, qui se réunissaient pour prier le rosaire chaque soir au pied d'un arbre, eurent alors une vision : parmi les branches, la Vierge Marie, vêtue selon la coutume locale et tenant l'Enfant Jésus dans ses bras, leur conseilla de faire bouillir les feuilles de cet arbre pour soigner les malades, qui étaient nombreux dans leur groupe. La nouvelle de cette apparition se répandit bientôt et l'arbre devint rapidement un lieu de pèlerinage. Une première chapelle y fut construite en 1820. La basilique de Notre-Dame de La Vang se trouve au centre du Viêt Nam actuel, dans la commune de Hai Phu (district de Hai Lang, province de Quang Tri). *La* signifie « feuille » et *Vang* « semences d'herbe ».

LES FRESQUES DU TERMINAL DE LAKEFRONT AIRPORT

Une débauche de style Art déco

6001 Stars and Stripes Blvd.
Tél. : 504-243-4010
www.lakefrontairport.com
Terminal ouvert tous les jours 24h/24
Accès : Bus 60, Hayne

L'impressionnant bas-relief de couleur jaune pastel qui orne la façade de Lakefront Airport ne donne qu'un aperçu de l'opulence qui attend le visiteur à l'intérieur de l'édifice.

Dans le style Art déco, chaque élément y a été travaillé avec un soin minutieux : parmi les plus remarquables se distinguent un majestueux escalier de marbre, des chandeliers semblant sortir d'un roman de Dashiell Hammett, un plafond incrusté de motifs géométriques et un panneau lumineux en néon indiquant la salle à manger (ce souci du détail et de l'harmonie stylistique se remarque même dans le design des tabourets du café).

Une boussole, incrustée au centre du sol en terrazzo de l'atrium, indique les points cardinaux, et attire l'attention du visiteur sur les huit fresques de l'artiste Xavier Gonzalez (1898-1993), qui rendent hommage aux pionniers de l'aviation, notamment à Charles Lindbergh, qui fut le premier pilote à traverser l'Atlantique sans escale, en 1927, et à Richard Byrd, qui survola l'Antarctique en 1929.

Sur les huit tableaux d'origine, sept ont été préservés jusqu'à nos jours (le huitième, intitulé *Vol sur Bali*, ayant été gravement endommagé), et ont été restaurés entre 2015 et 2016.

Huey Long, qui fut gouverneur de Louisiane de 1928 à 1932, est demeuré célèbre pour le caractère grandiose des projets architecturaux qu'il a lancés : le Capitole de l'État de Louisiane, le Charity Hospital et le pont sur le Mississipi qui porte aujourd'hui son nom constituent quelques-unes des plus extraordinaires constructions entreprises sous son autorité. De même, le goût de Huey Long pour le style Art déco s'exprime pleinement à l'intérieur de Lakefront Airport, qui fut inauguré en 1934.

Avec le concours de son ami Abraham « Abe » Shushan (1894-1966), président du Levee Board (commission chargée des digues), Huey Long a fait construire Lakefront Airport sur un terrain asséché situé à proximité du lac Pontchartrain – ce qui a permis aux pilotes de bien distinguer les pistes, dotées en outre d'un éclairage dernier cri. Le site échappait alors à la juridiction de La Nouvelle-Orléans, ce qui offrit à Shushan une totale autonomie dans la mission que Long lui avait confiée. L'aéroport porta d'ailleurs le nom de « Shushan Airport », avant de prendre celui de « New Orleans Airport ».

Cet aéroport desservit La Nouvelle-Orléans de 1934 à 1946, mais fut ensuite concurrencé par celui de Moisant, situé à 32 kilomètres de la ville. Toutefois, de nos jours, Lakefront Airport demeure l'un des aéroports les plus fréquentés des États-Unis.

LE PARC D'ATTRACTIONS DÉSAFFECTÉ SIX FLAGS

Une version infernale de Disney World

3011 Michoud Blvd.
Fermé au public
Accès : Pas de transport en commun à proximité

E n circulant sur l'Interstate 10 en direction de l'est, on distingue aisément une chaîne de montagnes russes abandonnées, sur la droite.

Ce site, redevenu marécageux, abritait autrefois le Six Flags New Orleans, un parc d'attractions qui fut ravagé en 2005 par l'ouragan Katrina. Après la catastrophe, la zone est demeurée inondée pendant plus d'un mois.

Les attractions désaffectées, jadis nommées *Mega Zeph*, *The Big Easy* et *Muskrat Rambler*, dominent encore cette zone qui fut dédiée au divertissement : il n'en demeure aujourd'hui qu'un terrain vague, jonché de détritus et parsemé de graffitis aux couleurs fanées. Ce qu'il reste du parc est désormais défendu par des portes cadenassées, et son accès est strictement interdit, principalement en raison du danger que présente l'état des structures encore en place, ainsi que de la menace que constituent les animaux sauvages qui ont élu domicile dans cet espace abandonné.

En dépit de cette interdiction, d'intrépides explorateurs urbains continuent d'arpenter le domaine, à la recherche de sensations fortes et de clichés spectaculaires : ce site fantomatique, qui continue à se dégrader au fil des années, présente une version cauchemardesque, voire infernale, d'un Disney World post-apocalyptique.

Au fil des années, plusieurs tentatives de rénover le parc ont été lancées, sans succès : il a d'abord été question de restaurer les attractions, puis de transformer le site pour en faire un centre commercial. Aucun de ces projets n'ayant abouti, ce vaste espace, devenu propriété de la ville de La Nouvelle-Orléans, semble destiné à demeurer un décor pour l'industrie cinématographique, qui connaît un important développement en Louisiane. Ainsi, des séquences de films à succès, notamment *La Planète des Singes : l'Affrontement* (*Dawn of the Planet of the Apes*), *Jurassic World* et *Percy Jackson : La Mer des Monstres* (*Percy Jackson : Sea of Monsters*), y ont-elles été tournées.

La partie orientale de La Nouvelle-Orléans est ainsi : une immense étendue de terre, asséchée par tous les moyens dans les années 1960, afin d'y accueillir les projets les plus grandioses. Toutefois, avant même le passage de l'ouragan Katrina, cette région était déjà condamnée : comme en témoigne le parc abandonné, qui se trouve désormais à l'extrémité est de cette zone, il semble que les marécages n'ont jamais cessé de s'opposer aux desseins des hommes.

LOS ISLEÑOS HERITAGE AND MULTI-CULTURAL PARK

Le souvenir des immigrés venus des Canaries

1345 Bayou Road
Saint-Bernard
Tél. : 504-277-4681 - www.losislenos.org
Ouvert du mercredi au dimanche de 11 h à 16 h et sur rendez-vou

Installé au cœur d'un cadre bucolique, parmi les maisons en bois et les chênes moussus, le Los Isleños Heritage and Multi-Cultural Park de Saint-Bernard constitue un musée original : ce petit complexe rassemble des constructions historiques dont la plupart furent jadis habitées par les descendants des premiers immigrants venus des îles Canaries à partir de 1778.

Le bâtiment principal du parc a été conçu dans l'esprit des maisons bâties dans la région par les Isleños (« insulaires »). Il abrite une collection de vêtements traditionnels, d'ustensiles, d'outils et d'autres objets de la vie quotidienne. Nombre de ces pièces historiques ont été offertes au musée par le gouvernement espagnol après le passage de l'ouragan Katrina.

Jouxtant cette exposition, la Ducros House fait office de bibliothèque et de salle de conférence. Plusieurs vitrines y sont consacrées à la vie en pleine nature, notamment aux techniques de piégeage, de chasse et de pêche. On y trouve également des pirogues, que les premiers Isleños ont appris à fabriquer au contact des Amérindiens. Celles-ci leur permettaient de se déplacer dans les bayous marécageux.

D'autres maisons, plus petites, ont été déplacées et réunies dans le parc, où elles offrent un aperçu de l'architecture des Isleños et de leurs techniques de construction, mettant en œuvre le bois de cyprès et un bousillage fait de boue, de mousse et de crin.

De même, le bâtiment du Coconut Island Barroom, un petit bar à l'aspect rustique, a été déplacé et réassemblé dans le parc. L'établissement peut être loué pour des événements privés.

Enfin, la réplique d'une cabane de trappeur, construite par un spécialiste dans ce domaine, permet au visiteur de s'imprégner de l'atmosphère de cette époque, où l'on chassait le rat musqué pour sa fourrure. À proximité, une hutte faite de feuilles de palmier a été réalisée par les Amérindiens de la tribu Houmas, qui peuplaient la région bien avant l'arrivée des immigrants.

Chaque année, le parc organise diverses manifestations, dont le Los Isleños Festival.

LE CHÊNE DES SEPT SŒURS

Une silhouette massive qui semble danser

200 Fountain Street
Lewisburg
www.lgcfinc.org/live-oak-society.html

À Lewisburg, banlieue de Mandeville proche du lac Pontchartrain, la silhouette d'un chêne gigantesque se balance dans un mouvement évoquant quelque danse mystérieuse.

Les proportions de cet arbre, appelé le Seven Sisters Oak (« Chêne des Sept Sœurs »), sont extraordinaires : culminant à 20,50 mètres de hauteur, sa ramure est estimée à près de 40 mètres, et la circonférence de son tronc atteint 12 mètres. Âgé de 500 à 1 500 ans, il serait ainsi le plus grand chêne vivant du sud des États-Unis. Depuis 1968, il détient d'ailleurs les titres farfelus de « Champion national des chênes vivants » et de « Président de la Société des Chênes vivants » (dont les membres, naturellement, sont tous des arbres).

Pour expliquer la taille colossale de cet arbre, on a prétendu qu'il pouvait s'agir de plusieurs chênes ayant poussé ensemble.

Cette théorie fut abandonnée en 1976, lorsqu'une équipe de forestiers fédéraux a pu constater que l'arbre ne possédait qu'un seul système racinaire.

L'origine du nom de « *Seven Sisters* » n'a pas été formellement établie. Selon certains, il ferait référence aux sept branches principales de l'arbre (bien qu'elles soient aujourd'hui plus nombreuses que cela). Pour d'autres, le propriétaire du terrain où pousse le chêne aurait eu sept filles. D'autres encore prétendent que ce nom dérive d'un mot oublié de la langue parlée par la tribu Choctaw.

Lewisburg se trouve au bord du lac Pontchartrain. Ce minuscule quartier constitue sans doute l'un des moins connus et des moins fréquentés de Mandeville. Bien qu'il existe depuis longtemps, nombre d'habitants de La Nouvelle-Orléans sont incapables d'indiquer son emplacement exact. Naturellement, cela ajoute une part de mystère au majestueux Seven Sisters Oak, qui demeure largement méconnu.

Peuplé à l'origine par la tribu Choctaw (aussi appelée Chacta), le territoire de Lewisburg a une longue histoire. C'est notamment en ces lieux que l'écrivain Adrien Emmanuel Rouquette (1813-1887), qui fut le premier natif de Louisiane à être ordonné prêtre, a vécu à partir de 1859. Installé parmi les Choctaws, qui le surnommèrent *Chata-ima* (« qui ressemble aux Choctaws »), il amena par sa patience et sa fraternité beaucoup d'Amérindiens à se convertir à la foi chrétienne. Il tenta également de traduire la Bible en langue choctaw.

DEW DROP SOCIAL & BENEVOLENT ㉙ JAZZ HALL

La plus ancienne salle de jazz du monde

430 Lamarque Street
Mandevilledewdropjazzhall@hotmail.com
www.dewdropjazzhall.com

Parmi les chênes moussus de Lamarque Street, la façade en bois patiné par le temps du Dew Drop Social & Benevolent Jazz Hall évoque celle d'une église rurale abandonnée. Cependant, par son histoire, ce bâtiment demeure l'une des salles de concert les plus importantes d'Amérique.

De nos jours, le Jazz Hall n'ouvre ses portes que pour une douzaine de concerts par an : à chacune de ces occasions, le vénérable bâtiment retrouve sa vocation initiale, qui était d'accueillir les jazzmans les plus talentueux.

C'est en 1885 que la Dew Drop Benevolent Society (« Société des bénévoles de la Goutte de rosée ») a été créée par la communauté afro-américaine : il s'agissait alors de pallier les carences des assurances, en proposant des soins médicaux, de la nourriture, des logements et des aides financières à ses membres dans le besoin.

Quant au Jazz Hall, il fut construit dix ans plus tard, en 1895. Il est aujourd'hui considéré comme la plus ancienne salle de jazz du monde.

Dès son ouverture, cette salle a attiré les jazzmans de La Nouvelle-Orléans, qui n'hésitèrent pas à traverser le lac Pontchartrain pour venir y jouer.

À l'époque, Mandeville constituait un lieu de villégiature prospère, et la majeure partie des grands du jazz est venue s'y produire, développant ainsi un style musical qui a rapidement connu un succès planétaire. Kid Ory, Bunk Johnson, Papa Celestin, George Lewis, Buddy Pettit et Louis Armstrong, notamment, avaient coutume d'y jouer pour le public, mais également pour eux-mêmes : cet environnement propice leur permettait d'expérimenter de nouvelles techniques en improvisant, sans subir la pression du monde extérieur.

Selon la rumeur, Armstrong se serait rendu à Mandeville pendant les années 1930 et 1940, pour échapper aux contraintes de la célébrité et retrouver ses racines musicales.

Dans les années 1940, la condition de la communauté afro-américaine s'étant améliorée, la popularité des sociétés d'entraide, comme celle de la Dew Drop, commença à décliner. Ainsi le Social & Benevolent Jazz Hall, négligé par ses fondateurs, fut-il laissé à l'abandon pendant près de 60 ans.

Toutefois, en 2007, grâce au soutien du National Park Service, de la New Orleans Jazz Commission, de la Fondation George Buck et de la municipalité de Mandeville, la petite salle a rouvert ses portes, pour une douzaine de concerts de jazz donnés chaque année.

Les fonds récoltés grâce à ces événements servent à l'entretien et à la restauration de la salle, ainsi qu'à la promotion de l'éducation musicale.

NORTHLAKE NATURE CENTER

Au cœur de la Louisiane originelle

23135 Highway 190 East
Mandeville
Tél. : 985-626-1238
www.northlakenature.org
Ouvert tous les jours, de l'aube au crépuscule

La paroisse de St. Tammany, située à 45 minutes au nord de La Nouvelle-Orléans, est l'une des zones urbaines les plus dynamiques des États-Unis. Toutefois, bien que les constructions y aient connu une spectaculaire croissance au cours des quarante dernières années, elles n'ont pas atteint le Northlake Nature Center, qui jouxte la partie orientale de la ville de Mandeville. Dissimulé aux regards, cet endroit enchanteur rappelle les conditions dans lesquelles les premiers habitants de la région ont vécu.

Le Northlake Nature Center permet d'arpenter trois écosystèmes distincts : des forêts de feuillus, d'autres d'épineux, et des étendues marécageuses. Chacun de ces environnements est accessible grâce à des sentiers ponctués de points de vue aménagés et de panneaux explicatifs.

Les sentiers s'étendent sur 12 kilomètres environ, et sillonnent une réserve naturelle de quelque 162 hectares. Ils conduisent le visiteur au cœur de la Louisiane originelle, où poussent naturellement les magnolias du Sud, et où les marécages laissent émerger les cyprès et les eucalyptus. On y découvre aussi une mare créée par les castors, que l'on peut observer depuis un point de vue aménagé. L'endroit grouille de vie : les plantes endémiques, divers animaux et de nombreuses espèces d'oiseaux (canards, oiseaux chanteurs et dindons sauvages) s'y développent en liberté, jusqu'au Bayou Castine, qui constitue la limite occidentale de la réserve.

Chaque année, au printemps, les oiseaux migrateurs font halte au Northlake Nature Center : rentrant vers les zones septentrionales depuis les pays d'Amérique du Sud où ils ont passé l'hiver, ils offrent aux amateurs un spectacle étonnant, que le centre célèbre en organisant son traditionnel « BirdFest » (« Festival des oiseaux »).

Par ailleurs, des traces d'habitat ancien ont été découvertes dans la réserve : les archéologues y ont trouvé les vestiges, vieux de sept siècles, d'une tribu d'Amérindiens nommée Acolipissa. On peut voir également des ruines plus récentes, comme celles d'un golf abandonné dans les années 1930, lorsque son promoteur, le gouverneur Leche, a été condamné et emprisonné.

Le Northlake Nature Center a été créé en 1982 par une association à but non lucratif pour préserver, étudier et mettre en valeur les ressources naturelles et culturelles du sud-est de la Louisiane et de la Floride.

ABITA MYSTERY HOUSE

Le musée le plus étrange et le plus provocateur de Louisiane

22275 LA-36 Highway
Abita Springs
Tél. : 985-892-2624
www.abitamysteryhouse.com
Ouvert tous les jours de 10 h à 17 h

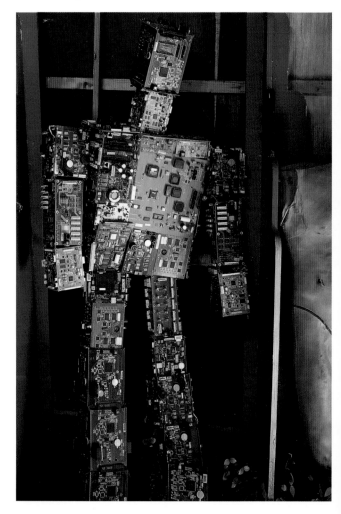

À proximité du centre d'Abita Springs, une ancienne station-service Standard Oil datant des années 1930 a été transformée en une singulière attraction : l'Abita Mystery House (la « Maison du mystère d'Abita »), par son éclectisme et sa fantaisie, constitue un espace unique en son genre. L'Abita Mystery House comprend plusieurs espaces distincts : la station-service originale, le bâtiment du musée, un espace en plein air, un chalet créole vieux de 90 ans, et la House of Shards (la « Maison des éclats ») – une construction constellée de miroirs brisés, de morceaux de verre et de tessons de poterie. Au sein de cet hommage au kitsch s'entassent notamment plus de 1 000 objets trouvés, d'improbables bricolages et inventions, d'anciennes bornes de jeux d'arcade et des productions artistiques plus ou moins réussies.

Quant à l'ancien chalet créole, il fait office d'atelier pour les créateurs qui ne cessent d'enrichir les collections de ce curieux musée. Les enfants y sont les bienvenus, et sont encouragés à laisser libre cours à leur créativité – car leurs plus belles inventions y sont exposées.

C'est en arpentant le Nouveau-Mexique que John Preble, collectionneur compulsif, a décidé de créer cet étonnant musée dans la ville qu'il habitait depuis de longues années. Ce cabinet de curiosités d'un genre nouveau a aussitôt retenu l'attention de John Bullard, ancien conservateur du New Orleans Museum of Art, qui l'a surnommé « le musée le plus étrange et le plus provocateur de Louisiane ».

Cette exposition permanente, protéiforme et inclassable, comprend notamment un temple d'Elvis, une machine à billes faite de bâtonnets de glaces, une caravane sur laquelle une soucoupe volante semble s'être écrasée, des créatures inattendues portant des noms étranges (comme Buford le Bassigator), une œuvre d'art longue de près de 7 mètres représentant un demi-crocodile, une autre (création de John Preble) figurant une sorte de sirène, ainsi que *River Road*, un diorama animé qui, sur plus de 9 mètres, présente, sur un mode satirique, divers aspects de la culture des rives du Mississipi, de Bâton-Rouge à La Nouvelle-Orléans.

STATUE DE RONALD REAGAN

La plus grande statue de Ronald Reagan au monde

Downtown Covington, Louisiane
À 65 kilomètres environ au nord de La Nouvelle-Orléans, à l'angle de N. New
Hampshire Street et E. Lockwood Street, au point de départ du Tammany Trace

A u cœur du centre-ville de Covington, au point de départ du Tammany Trace (piste cyclable et pédestre d'une cinquantaine de kilomètres), se trouve la plus grande statue de Ronald Reagan au monde. Dans cette représentation en pied, haute de près de 3 mètres, l'ancien président, vêtu d'un costume de ville, se tient au garde-à-vous et, tout sourire, adresse au passant un salut militaire.

On ne s'attend guère à ce que Covington, petite bourgade tranquille et siège de la paroisse de St. Tammany, héberge un tel monument. En effet, si le 40e président des États-Unis Ronald Reagan a laissé son empreinte dans de nombreux pays et sous de nombreuses formes (des aéroports, des rues et des monuments publics portent son nom, et des statues à son effigie rappellent son souvenir jusqu'en Hongrie, en Pologne, en République tchèque et en Géorgie), il ne semble pas qu'il soit jamais venu à Covington, et on ne lui connaît aucun lien particulier avec cette petite ville.

Pour expliquer la présence de cette gigantesque statue, il faut se souvenir que la paroisse de St. Tammany est la plus riche de tout l'État, et celle qui y connaît la plus forte croissance. De plus, elle constitue un solide fief républicain, et ses habitants ont voté massivement pour Reagan au cours des élections présidentielles de 1980 et 1984.

Depuis lors, la paroisse n'a pas oublié le « Gipper » (surnom donné à Reagan depuis qu'il a interprété le personnage de George Gipp dans le film *Knute Rockne, All American* de Lloyd Bacon, sorti en 1940).

C'est en 2003 que le magnat du pétrole et célèbre philanthrope Patrick F. Taylor, qui était un ami personnel de Ronald Reagan, a décidé de dresser à Covington cette immense statue.

Toutefois, Taylor ne survécut que cinq mois à Ronald Reagan (décédé en 2004), et ce fut à son épouse Phyllis que revint la charge d'honorer sa promesse : en 2008, la statue fut ainsi érigée au centre-ville de Covington.

MUSÉE DU PATRIMOINE AFRO-AMÉRICAIN

Une exposition qui se veut pédagogique

Intersection de S. Walnut Street et E. Louisiana Avenue
Hammond
Tél. : 504-931-5744
Les visiteurs sont les bienvenus à tout moment. Appelez à l'avance pour vous assurer que le « docteur » Smith sera disponible pour une visite guidée

Dans la ville de Hammond, une armée de personnages en béton témoigne de l'histoire des Afro-Américains. Ce musée insolite, qui possède aussi nombre de documents d'archives, a été créé par le « docteur » Charles Smith, médecin autoproclamé et vétéran de la guerre du Vietnam.

Smith a transformé sa modeste habitation en un musée à vocation pédagogique : il espère que les visiteurs, après avoir admiré ses créations, auront acquis une connaissance plus intime des difficultés qui ont, pour le meilleur ou pour le pire, ponctué l'existence de la communauté afro-américaine.

Pour ses créations, Charles Smith a choisi le béton pour se prémunir des ravages des termites, et ainsi « immortaliser » son œuvre.

Son musée comprend nombre de personnalités afro-américaines, dont Harriet Tubman, Sally Hemings, Maya Angelou et Denzel Washington. Pourtant, la plupart de ses statues représentent des inconnus, des citoyens noirs « ordinaires ».

Sur le mur de sa maison, des visages tourmentés rappellent les victimes de l'ouragan Katrina. D'autres représentations s'attaquent aux clichés sur les Noirs : grands sourires aux dents blanches, yeux exorbités, postures stylées, chacun de ces portraits dénonce la manière dont les Afro-Américains ont longtemps été décrits par les Blancs. Nombre de ces représentations sont surveillées par des caméras, que Smith a disséminées sur sa propriété pour dissuader d'éventuels vandales.

En créant son étonnant musée, Smith souhaitait en effet rendre sa dignité à une communauté longtemps demeurée dans l'ombre, et qui a souffert du mépris de ses concitoyens.

De nombreux drapeaux américains, claquant au vent parmi ces statues d'inconnus, ajoutent une touche d'ironie à son exposition.

Selon Smith, Dieu lui-même lui aurait inspiré le désir de créer ce musée. Il a d'abord monté une exposition à Aurora, dans l'Illinois, qu'il a vendue à la Fondation Kohler, dans l'espoir que ses œuvres soient exposées dans d'importants musées américains. Il a ensuite sillonné le pays pour promouvoir son travail.

En rentrant dans le Sud, il fit halte à Hammond, où il vit la tombe du fondateur de la ville, Peter Hammond. La pierre tombale mentionnait les noms des membres de la famille Hammond, ainsi qu'une référence à un « esclave » anonyme, dont Smith a vainement essayé de trouver le nom. Choqué par ce qu'il avait vu, c'est à Hammond qu'il a décidé d'implanter son nouveau musée.

LIGO

Des instruments pour mesurer les ondulations du tissu de l'espace-temps

19100 LIGO Lane
Livingston
Tél. : 225-686-3100 -www.ligo.caltech.edu/LA
Ouvert le troisième samedi du mois de 13 h à 17 h
Visites guidées sur rendez-vous

mplanté dans une région isolée de la paroisse de Livingston, le LIGO (*Laser Interferometer Gravitational-Wave Observatory*, « Observatoire d'ondes gravitationnelles par interférométrie laser ») constitue l'un des fleurons de la science américaine.

La mission de ce centre de recherche, administré par la National Science Foundation, est d'observer directement les ondes gravitationnelles d'origine cosmique, dont l'existence avait été prédite en 1916 par Albert Einstein dans sa théorie de la relativité générale (alors même que la technologie nécessaire à leur détection n'existait pas encore).

Les instruments du LIGO balayent les cieux en permanence, pour capter et mesurer les ondulations qui affectent le tissu de l'espace-temps. Le 14 septembre 2015, ses instruments ont permis d'observer directement les ondes gravitationnelles issues de la collision de deux trous noirs, confirmant ainsi les prédictions d'Einstein.

Le 26 décembre 2015, un deuxième signal a été détecté, correspondant également à la collision de deux trous noirs d'une dizaine de masses solaires, survenue il y a plus d'un milliard d'années.

Le LIGO se trouve dans une zone peu fréquentée et, jusqu'à son extraordinaire découverte de 2015, dont le compte rendu a été diffusé par les médias du monde entier, peu d'habitants de la région connaissaient son existence. Mais cette soudaine célébrité n'a pas duré : depuis lors, les travaux de l'observatoire se poursuivent dans l'indifférence du grand public.

Beaucoup ignorent aussi que le Science Education Center rattaché au LIGO héberge une exposition gratuite ouverte à tous les curieux. Le troisième samedi du mois, dans le cadre des Science Saturdays, les visiteurs y sont accueillis par les scientifiques, qui répondent aux questions que leur suggère le petit musée de l'établissement : on y découvre une cinquantaine de présentations interactives, dont l'objectif est de sensibiliser le public aux enjeux des travaux menés par l'observatoire.

Tout au long de l'année, les enseignants, étudiants et groupes scolaires peuvent prendre rendez-vous pour bénéficier de visites particulières.

INDEX ALPHABÉTIQUE

ABITA MYSTERY HOUSE — 226

ALFEREZ ART DECO FENCE ADORNMENTS — 176

AMERICAN ITALIAN MUSEUM — 100

ANCIEN SIÈGE DE LA UNITED FRUIT COMPANY — 94

ANCIEN STUDIO D'ENREGISTREMENT J & M — 20

ANTRE DE LA REX — 82

ARCHE DE LA VICTOIRE — 150

ASHTRAY HOUSE — 202

ATELIER ET MUSÉE BEVOLO — 28

AVERTISSEMENT AUX PILLARDS APRÈS LE PASSAGE DE L'OURAGAN KATRINA — 160

BACKSTREET CULTURAL MUSEUM — 12

BÂTIMENT DE LA GENERAL LAUNDRY — 138

BÉRET DE GROUCHO — 30

BIBLIOTHÈQUE PATRICK F. TAYLOR — 110

BORNE DE LA JEFFERSON HIGHWAY — 92

BOUCHE D'INCENDIE LA PLUS ANCIENNE DE LA NOUVELLE-ORLÉANS — 186

BRIQUES DÉCORÉES DU ZOO D'AUDUBON — 56

CAFÉ NEUTRAL GROUND — 62

CAMP PARAPET — 50

CÉRÉMONIE DE « LAVAGE DE LA TÊTE » À LA FÊTE DE LA SAINT-JEAN D'ÉTÉ — 184

CHAPELLE SAINT-ROCH — 144

CHÂTEAU CRÉOLE — 134

CHÊNE CHANTANT — 194

CHÊNE DES SEPT SŒURS — 220

« CHÊNE DUELLISTE » — 182

CIMETIÈRE HOLT — 174

CITY WATCH — 106

COLOMBIER DE CAROL — 180

COWAN MAN — 152

CROIX CELTIQUE — 168

DEW DROP SOCIAL & BENEVOLENT JAZZ HALL — 222

FILLE AU PARAPLUIE DE BANKSY — 140

FONTAINE DU MARDI GRAS — 166

FONTAINE THE WAVE OF THE WORLD — 196

FORT ESPAGNOL — 206

FRESQUE D'ALBRIZIO À L'UNION PASSENGER TERMINAL — 102

FRESQUE DE SCHOENBERGER — 74

FRESQUES DU TERMINAL DE LAKEFRONT AIRPORT — 214

GALERIE D'ART DU 3127 PONCE DE LEON STREET — 190

GARGOUILLE DE JACKSON AVENUE — 122

GERMAN AMERICAN CULTURAL CENTER AND MUSEUM — 124

HIGGINS HOUSE — 204

HISTORIC NEW ORLEANS TRAIN GARDEN — 178

INSCRIPTION « HANK WAS HERE 1955 » — 142

IRISH CHANNEL TINY MUSEUM — 120

ISLEÑOS HERITAGE AND MULTI-CULTURAL PARK — 218

JANE ALLEY — 76

JARDIN DE JESSICA — 146

JARDIN DE SAINT-ANTOINE — 34

K&B PLAZA — 108

LABORDE MOUNTAIN — 200

LABYRINTHE D'AUDUBON PARK — 58

LIGO — 232

LOCOMOTIVE 745 DE LA SOUTHERN PACIFIC — 46

MAISON DE LA DANSE ET DES PLUMES — 158

MAISON DE WILLIAM S. BURROUGHS — 42

MAISONS DE LA « BATTURE » — 52

MAISONS DES DOULLUT — 156

MANOIR DE LULING — 192

MARBLE HALL — 38

MÉMORIAL ET MAUSOLÉE AUX CORPS NON RÉCLAMÉS DES VICTIMES DE KATRINA — 172

MÉTÉORITE DU PARCOURS DE GOLF D'AUDUBON PARK — 64

MIDDLE AMERICAN RESEARCH INSTITUTE GALLERY — 66

MISSION NOTRE-DAME DE LA VANG — 212

MOMIES DE TULANE — 68

MOULAGE D'UN BRAS DE JOHN L. SULLIVAN — 22

MUSÉE COMMÉMORATIF DES CONFÉDÉRÉS — 112

MUSÉE CULTUREL IRLANDAIS 24

MUSÉE DE F.P.C. 136

MUSÉE DE LA PHARMACIE DE LA
NOUVELLE-ORLÉANS 36

MUSÉE DE LA RÉSERVE FÉDÉRALE 96

MUSÉE DES MAISONS DE POUPÉES 116

MUSÉE DES POMPIERS
DE LA NOUVELLE-ORLÉANS 118

MUSÉE DU MARDI GRAS DE GERMAINE
WELLS 26

MUSÉE DU PATRIMOINE
AFRO-AMÉRICAIN 230

MUSÉE MILITAIRE
ANSEL M. STROUD JR 162

MUSIC BOX VILLAGE 154

MUSIC TREE 188

NORTHLAKE NATURE CENTER 224

PANTHÉON DE FAIR GROUNDS 132

PANTHÉON DU SUGAR BOWL 85

PARC D'ATTRACTIONS DÉSAFFECTÉ
SIX FLAGS 216

PEINTURE L'ASSOMPTION DE MARIE 72

« PENDULE MYSTÉRIEUSE » DE L'HÔTEL
THE ROOSEVELT 90

PIANO DE BASILE BARÈS 88

PIAZZA D'ITALIA 98

PIÈCES D'OCHSNER 48

PLAQUE COMMÉMORATIVE DÉDIÉE
À LEE HARVEY OSWALD 60

POMPES DE BALDWIN WOOD 80

POPP FOUNTAIN 198

PORT OF NEW ORLEANS PLACE 114

ROBERT E. NIMS JAZZ WALK OF FAME 40

ROSALIE ALLEY 148

SALLES SECRÈTES DE LA GALERIE
M.S. RAU ANTIQUES 32

SCULPTURE EMBRACING THE DREAM 104

SÉANCES DE LECTURE DE POÈMES
EN MÉMOIRE D'EVERETTE MADDOX 54

STATUE DE MEL OTT 126

STATUE DE RONALD REAGAN 228

STATUE DE SAINT EXPÉDIT 18

STATUE DU « ROI » GAMBRINUS 78

STATUE DU ROI LEAR 210

STATUE LOUP GAROU 208

STATUE MOLLY MARINE 86

TOMBE DE GRAM PARSONS 170

TOMBEAU DE L'ESCLAVE INCONNU 14

TOMBEAU DE NICOLAS CAGE 16

TOMBES DE CHEVAUX DE COURSE 130

VITRAUX DU SANCTUAIRE NATIONAL
DE NOTRE-DAME DU PROMPT
SECOURS 70

NOTES

. . . .

. . . .

. . . .

. . . .

. . . .

. . . .

. . . .

. . . .

. . . .

. . . .

. . . .

. . . .

. . . .

. . . .

. . . .

. . . .

. . . .

. . . .

. . . .

. . . .

NOTES

REMERCIEMENTS

American Italian Cultural Center, Stanley Amerski, Tom Amoss, Alexander Barkoff, Larry Beron, Yvonne Blount, Richard Boyd, Bonnie Broel, Marcus Bronson, Christy Brown, Brad Bryant, Sarah Burnette, Joe Cabral, Richard Campanella, Kristin Core, Cancy DuBos, Heather Englehart, Randy Ernst, Mike Fedor, Gina Ferrara, German –American Cultural Center, Leon Greenblatt, Ride Hamilton, Jeb Harrison, Irish Cultural Museum, Lynne Jensen, Pat Jolly, Bill Kearney, Paul LaNoue, Susan Larson, Remy Lazare, Mary Ledbetter, Rodney Lewis, Angus Lind, King Logan, Los Islenos Heritage & Cultural Center, Eddie Mack, Howard Margot, Delaney Martin, Heidi Melancon, Philip Melancon, Middle American Research Institute(Tulane University), Geoff Munsterman, Ogden Museum of Southern Art, Amber Qureshi, Aryna Rarinushka, Matt Scallan, Edgar Mauri Sierra, Taylor Sheperd, Rebecca Smith, Jason Songe, Swan River Yoga Studios, John Sudsbury, The Historic New Orleans Collection, Elizabeth Thompson, Robert Thompson, Jonathon Traviesa, John Travis, Janis Turk, John Verano, Ronnie Virgets, Gary Williams, Michael Williams, Chris Wiltz

CRÉDITS PHOTOGRAPHIQUES

Paul Lanoue : Toutes les photographies, à l'exception de :

Jonathan Traviesa : Racehorse Graves, Seven Sisters Oak, Camp Parapet, Ochsner Dimes, Baldwin Wood Pumps, Cowan Man, Music Box Village, M. S.Rau Secret Room, Port of New Orleans Place, LIGO, Creole Castle, World's Fair photos

Elizabeth Garcia-Nicholas Cage Grave

Pat Jolly : Backstreet Museum

Edgar Mauri Sierra : Everette Maddox Poetry Reading

Marcus Bronson : Rex Den

Chris Champagne : Irish Channel Tiny Museum, Hank Was Here, Ivana Trump Bodyguard, Bevolo Lighting

The Historic New Orleans Collection (THNOC) : J&M Studio et United Fruit Building

Cartographie : **Cyrille Suss** - Conception de la maquette : **Coralie Cintrat** - Maquette : **Iperbole**
Traduction : **Guillaume Bouvier** - Lecture-correction française : **Stéphanie Coudray, Jean Leblanc, Romaine Guérin** et **Marie-Odile Boitout**

© JONGLEZ 2017
Dépôt légal : Juin 2017 – Edition : 01
ISBN : 978-2-36195-190-0
Imprimé en Bulgarie par Multiprint